Gütersloher Taschenbücher / Siebenstern 197

Christa Meves

Mut zum Erziehen

Seelische Gesundheit — wie können wir
sie unseren Kindern vermitteln?

Gütersloher Verlagshaus
Gerd Mohn

Originalausgabe

1.–10. Tausend September 1970
11.–20. Tausend Mai 1971
21.–30. Tausend März 1972
31.–40. Tausend Oktober 1972
41.–50. Tausend April 1973
51.–65. Tausend März 1974
66.–75. Tausend September 1975
76.–87. Tausend Oktober 1976

ISBN 3-579-03736-6
8. durchgesehene Auflage, 1976
© Gütersloher Verlagshaus Gerd Mohn, Gütersloh 1976
Umschlagentwurf: Dieter Rehder, Aachen
Gesamtherstellung: Clausen & Bosse, Leck
Printed in Germany

INHALT

VORWORT

Die vielen, außerordentlich verschiedenen Einstellungen zu Fragen der Erziehung heute machen deutlich: Bei Menschen geschieht sie nicht nach immer gleichen, dumpf instinktiven Gesetzen wie bei den Tieren. Wir sammeln Erfahrungen und planen mit ihrer Hilfe die Zukunft unserer Kinder. Unsere Lernfähigkeit läßt uns die als positiv oder negativ empfundenen Erlebnisse trennen und danach streben, die positiven in der nächsten Generation zu wiederholen und ihnen die negativen zu ersparen. Dennoch bietet diese Möglichkeit des Menschen keine Gewähr dafür, daß er im Laufe der Generationen klüger wird. Erzöge jeder Mensch seine Kinder lediglich aufgrund seiner eigenen Kindheitserfahrungen, so könnte die Menschheit in einem Teufelskreis steckenbleiben. Auf eine Generation, die Härte in der Erziehung praktiziert, folgt dann eine, die die »weiche Welle« postuliert, und die nächste Generation greift wieder zu drastischen Methoden.

Es kann also nicht genügen, aus unserem persönlichen Erleben allein Erfahrungen zu sammeln. Wir haben zu wenig Abstand von uns selbst, unser Bewußtsein ist in bezug auf unsere eigenen Motive und unser eigenes Verhalten zu begrenzt, als daß wir in der Lage wären, Zusammenhänge gerade in dieser Hinsicht immer richtig zu erfassen. Wo aber sonst sollen wir die Maßstäbe finden für erzieherisches Handeln, wenn nicht in unseren eigenen Überzeugungen und aus unserer eigenen Erfahrung?

Diese Frage wird zunehmend drängender, je mehr sich die Erkenntnis abzuzeichnen beginnt, daß der Mensch in einem viel geringeren Maße, als man bisher vermutet hat, außer durch seine Erbanlagen durch die Einflüsse der Umwelt in seiner Kindheit mitgeprägt wird. Zwar sind die Gene die Voraussetzung für unsere biologische Existenz, aber da der Mensch, wie Arnold Gehlen sagt, »von Natur ein Kulturwesen ist«, muß zu den gesunden Erbanlagen die verständnisvolle Erziehung hinzutreten, wenn er sich ganz entfalten soll. Angesichts solcher Erkenntnis stellt sich sofort die Frage: Zu was sollen wir den Menschen »machen«, und wieweit dürfen wir ihn überhaupt »machen«? Wir wissen heute: Man kann den Menschen zum kritiklosen Mitläufer, zum Revoluzzer um jeden Preis, zum Playboy, zum Kriminellen, zur Männin und zum Heimchen am Herd *ver*ziehen. Aber sollen und dürfen wir das dem willkürlichen Belieben einzelner oder den zweckgerichteten Bestrebungen gesellschaftlicher Systeme überlassen?

Daß wir das nicht dürfen, davon spricht die Psychopathologie, die Lehre von den seelischen Erkrankungen, eine beredte Sprache. Sie gibt uns Auskunft darüber, in welcher gesetzmäßigen Weise ein Mensch Störungen anheimfällt, wenn man ihn in einer ihm nicht gemäßen Weise manipuliert. Die Tatsache der weitgehenden Formbarkeit des Menschen vor allem in seiner Kindheit entbindet uns nicht von der verantwortungsschweren Einsicht, daß er sich nur gesund entfalten kann, wenn wir die Bedingungen dafür beachten und respektieren, statt ihn nach eigenen Vorstellungen zu dressieren und damit zu verstümmeln. Jedes Kind bringt notwendige Bedürfnisse, bestimmte Erwartungen mit auf die Welt, und sein Schicksal hängt davon ab, ob es auf eine Gesellschaft, vor allem aber auf Eltern trifft, die um seine Bedürfnisse wissen und sich in richtiger Weise um ihre Kinder bemühen, oder ob es einer Umgebung ausgeliefert ist, die ihre eigenen Zwecke auf ihre Kinder projiziert.

Gegen einen solchen gefährlichen Hochmut will die vorliegende Schrift Handhabe sein, ebensosehr wie gegen die Resignation, den Dingen ihren fatalen Lauf lassen zu müssen. Das Buch ist aus der psychagogischen Praxis hervorgegangen. In der Arbeit mit »schwierigen« Kindern zu stehen, das hieß im letzten Jahrzehnt: mit Besorgnis zu sehen, wie bestimmte Verhaltensstörungen, insbesondere die neurotische Verwahrlosung, in einem ungeheuerlichen, aber voraussehbaren Maße zunehmen. Diese Sorge und der Tatbestand, daß unser staatliches Bildungswesen in die Bundesrepublik sich auch in den Nachkriegsjahren weiterhin vor tiefenpsychologischen Erkenntnissen verschloß, brachte mich in die Öffentlichkeitsarbeit, in dem Bestreben, Informationen zu vermitteln über die Entfaltungsbedingungen des Menschen und deutlich zu machen, wie unumgänglich notwendig es heute geworden ist, seelilischen Fehlentwicklungen vorzubeugen. Das Büchlein möchte helfen, das an der Praxis geprüfte tiefenpsychologische Wissensgut fachgerecht zu vermitteln, um damit auch Laien Unterscheidungsmöglichkeiten zu bieten zwischen verstiegenen Vorschlägen, wie sie in immer neuen, einander oft widersprechenden, stets aber als besonders modern und fortschrittlich deklarierten Aufsätzen in Illustrierten und Aufklärungsschriften kursieren, und den wirklichkeitsnahen pädagogischen Konsequenzen, die sich tatsächlich aus tiefenpsychologischer Erkenntnis ziehen lassen. Kinder brauchen heute unser *wissendes* Bemühen um sie. Dazu will das Buch ermutigen.

Uelzen, im September 1976   Christa Meves

1. Vergleichbare Verhaltensstörungen bei Kindern und Tieren

Verhaltensstörungen bei Kindern gibt es heute in unserem Kulturkreis in großer Zahl. Wenn man sie untersucht, so zeigt sich außerordentlich häufig, daß sie durch Umwelteinwirkungen verursacht worden sind. Die Verhaltensstörungen und funktionellen Organleiden erweisen sich nur allzu oft als die Primordialsymptome einer Neurose, die im Begriff steht, die Lebenslinie eines Menschen zu verbiegen und seinen Verhaltensspielraum einzuschränken.

Neurosen, so hat der Internist und Psychotherapeut Jores immer wieder betont, seien spezifisch menschliche Krankheiten. Ihr Kernvorgang sei ein unverarbeiteter, ins Unbewußte abgedrängter Konflikt, wie ihn Tiere nicht kennen könnten, deshalb seien funktionelle Leiden, wie das Asthma, das Magengeschwür etc. Krankheiten, die man bei Tieren nicht anträfe.

Diese Beobachtung ist zutreffend, wenn man freilebende Tiere untersucht. Es gibt hingegen eine große Fülle von Arbeiten aus dem Kreis der Verhaltensforscher über experimentell hervorgerufene oder bei gefangenen Tieren beobachtete Verhaltensstörungen, die denen von Kindern oft geradezu frappierend ähnlich sehen.

Doch ist das Vergleichen von Kindern und Tieren überhaupt zulässig? Ist die psychische Organisationsform des Menschen nicht so *viel* differenzierter, daß jeder Vergleich hinken muß? Konrad Lorenz hat bereits in seinem Buch über »Das sogenannte Böse« darauf hingewiesen, welche Abneigung der Mensch gegen das Vergleichen mit Tieren habe. Wir fühlen uns degradiert, wenn man das Gelten allgemeiner Naturgesetze auch für den Menschen konstatiert, ja wir fürchten, daß uns auf diese Weise der Glaube an unsere Willens- und Entscheidungsfreiheit genommen werden könnte, die doch einen mächtigen Motor unseres Handelns und Wertens darstellt. Wir fühlen uns so unterschieden von den Tieren, daß uns ein Vergleich fast wie eine Beleidigung erscheint, auf die wir mit aggressionsgeladener Abwehr reagieren. Aber — sind die Bedingungen und Notwendigkeiten unserer Entfaltung vom Lebensanfang an wirklich so fundamental anders als bei Tieren? Ist nicht auch der Säugling angewiesen auf Schutz und Geborgenheit wie Tierjunge mit einer längeren Brutpflegezeit? Bedarf nicht auch das Menschenkind einer adäquaten Fütterung wie das Tierkind, haben nicht gerade die Tiere, die noch nicht voll funktionsfähig geboren werden, eine »Spielphase«, die der Übung und Kräftigung des Bewegungsapparates dient? Ist es bei vielen Tierarten nicht üblich, Verteidigung und soziale Spielregeln zu lernen?

Wenn man diesen Fragen gründlich und von der Empirie her nachgeht, kommt man zu dem Schluß, daß auch der Mensch in seiner ersten Kindheit Phasen durchläuft, in denen noch »tierische« Regeln, Antriebe und Instinktmechanismen vorherrschen, ehe das Kind — im Schulalter etwa — Entwicklungsstufen erreicht, die Vergleiche mit Tieren zunehmend mehr erschweren und schließlich ausschließen. Den Beweis dafür vermögen jene Verhaltensstörungen bei Kindern zu liefern, die nur in der ersten Lebenszeit des Menschen zu entstehen pflegen und die es in zahlreichen Variationen bei Tieren — keineswegs nur bei jungen Tieren — gibt, wenn man sie hindert, lebensnotwendige Antriebe zu befriedigen. Diese pathologischen Erscheinungsformen zu vergleichen und damit besser zu verstehen, ist eine lohnende Aufgabe, um mehr zu erfahren über die Entfaltungsbedingungen und damit auch über die Schädigungsmöglichkeiten des Menschen.

Wenn die Entwicklung eines Kindes so weit gereift ist, daß es zu krabbeln und — etwa um das erste Lebensjahr herum — zu laufen beginnt, pflegt es ein mehr oder weniger starkes Bewegungsbedürfnis zu entwickeln. Das Tollen und Rennen, das Suchen und Erobern gehört zur vordringlichen Aufgabe dieser »Phase der handelnden Weltbewältigung« (Dührssen). Es gibt nun viele Kinder, die unter den verschiedensten Beweggründen und Umständen daran gehindert werden, diesem Drang befriedigend nachzukommen — sei es, daß sie bei geräuschempfindlichen und störbaren Erziehern aufwachsen (besonders bei Großeltern ist das häufig der Fall), sei es, daß die Wohnverhältnisse zu motorischer Einengung zwingen, oder daß die Ängstlichkeit einer überbesorgten Mutter oder das Verantwortungsbewußtsein *einer* Pflegerin *vieler* Kinder zu hindernden Erziehungsmaßnahmen führen. Jedenfalls pflegen viele solche bewegungsbehinderten Kinder Verhaltensstörungen zu entwickeln. Oft kommt es zu einer chronischen Bewegungsunruhe, zum »Zappel-Philipp«, wie Heinrich Hoffmann ihn uns unvergeßlich geschildert hat. Solche Kinder sind zwar meist genötigt, viel zu sitzen, tun das aber in fahriger Nervosität, die später, in der Schule, zu viel Tadel Anlaß gibt. Manche dieser Kinder beginnen sogar rhythmisch zu schaukeln, im Sitzen, im Stehen, manche auch noch im Liegen vor dem Einschlafen. Ich habe einmal ein Kind betreut, das von seinem 10. bis zu seinem 22. Lebensmonat wegen einer zu spät erkannten Hüftgelenksluxation fest liegen mußte. Auch dieses Kind pflegte seit seinem zweiten Lebensjahr sich stereotyp hin und her zu bewegen und tat das noch im Alter von 12 Jahren (nebenbei gesagt: ohne in irgendeiner Weise geistig zurückgeblieben zu sein).

Solche Bewegungsunruhe samt ihren stereotypen Verlaufsformen ist eine typische Erscheinung bei Tieren im

Käfig und allen aufmerksamen Zoobesuchern bekannt. Im Volksmund bezeichnet man diese Bewegungen ihrer Gleichförmigkeit wegen als »Weben«. Die »kleine« Bewegung des am Auslauf behinderten Tieres und Menschenkindes stellt eine Spannungsentlastung dar und beschwichtigt daher zum Teil den unbefriedigten Drang. Diese Erklärung ist einfach und einleuchtend zugleich, erfaßt aber noch nicht vollständig den Umfang der Schädigung, der sich bei der Frustration eines elementaren Dranges vollzieht, denn die Verhaltensstörung ist ja lediglich ein Symptom, ein Anzeiger der Tatsache, daß intrapsychische Spannung so groß wurde, daß sich eine beschwichtigende Stereotypie — alle Verbotsschranken überspringend — Bahn brach.

Es gibt aber eine Reihe von experimentellen Versuchen mit Tieren, die Aussagen darüber machen, was passiert, wenn elementare Antriebe behindert werden.

Katzen hatten durch mehrere Monate hindurch gelernt, Nahrung zu erhalten, wenn sie einen Hebel herabdrückten. Nachdem sie sich gewöhnt hatten, wurde ihnen in demselben Augenblick, in dem sie den Hebel betätigten, ein schwacher elektrischer Schlag durch den Körper versetzt. Nachdem dieser abschreckende Reiz bei jeder Annäherung eines Tieres über mehrere Tage fortgesetzt worden war, zeigten die Katzen ein generalisiertes Fehlverhalten. Sie zeigten Furcht vor Gegenständen, die mit der Schocksituation gar nichts zu tun hatten, bei harmlosen Reizen und reaktiven Aggressionen, bei jeder Versagung. Auch im körperlichen Bereich zeigten sich Funktionsstörungen: erhöhter Puls, Zittern, Schwitzen, Verdauungsstörungen, ja selbst Asthma. Deutlich wird an diesen Beispielen sichtbar, daß die Frustration eines lebensnotwendigen Dranges — hier des Zugriffs zur Nahrung — auch bereits im Tier existentielle Angst auslöst, die als Konflikt zwischen erneutem Versuch oder resigniertem Rückzug bestehen bleibt. Die Angst löst erhöhte Spannung, vermehrte Adrenalinausschüttung und damit die körperlichen Symptome aus. Die erregte Spannung heischt nach einem Ventil, das bei Kindern und Tieren häufig in Stereotypien gefunden wird.

In ähnlicher Weise neigen Kätzchen, die man abrupt von der mütterlichen Zitze entwöhnte, zu einem vermehrten Lecken und Saugen an ihrem eigenen Körper, Kälber entwickeln ein stereotypes Lecken um das Maul, wenn sie aus dem Eimer gefüttert werden — in sehr ähnlicher Weise wie Säuglinge Stereotypien am eigenen Körper — wie Lutschen und Lecken — entwickeln, wenn man ihnen die adäquate Form der Nahrungszufuhr, die Mutterbrust, oder eine ausreichende Sauganstrengung verwehrt.

Ich habe einmal einen Jungen erlebt, der im Alter von neun Jahren noch ein stereotypes Lippenlecken aufwies, ein Leiden, das seit seiner frühesten Kindheit bestand: Er war im Alter von vier Monaten von seiner an Tuberkulose erkrankten Mutter, die ihn stillte, abrupt und für viele Monate getrennt worden.

Aber warum bleiben solche in der frühen Kindheit entwickelten Stereotypien häufig so lange — manchmal sogar lebenslanglich — erhalten? Dafür bieten sich zwei Erklärungen an: Die Erfahrung der Spannungsentlastung auf diese Weise legt den Rückgriff auf die alte Beschwichtigungsweise nahe, auch wenn die Spannung später in einem völlig anderen Funktionskreis entsteht. So ist zum Beispiel ein Mensch, der als Kind exzessiv am Daumen lutschte, leichter in Gefahr, Spannungsentlastung durch Rauchen zu suchen.

Andererseits bleiben diese frustrierenden Erfahrungen und damit Verunsicherungen und Spannungen in elementaren Lebensbereichen oft auch weitgehend erhalten, dann nämlich, wenn die Frustration außerordentlich heftig war oder häufig wiederholt wurde, zum Beispiel: Ein Kind, das früher stark bewegungsgehemmt war, möchte später wohl auch gern so hurtig turnen und tollen wie die Gleichaltrigen, fürchtet sich aber zugleich davor. Ein Kind, das primär eine stark ängstigende Situation etwa beim Zahnarzt erlebte, möchte sich später wohl die Zähne reparieren lassen, bekommt aber bereits überflutende Furcht, wenn es einen Menschen im weißen Kittel sieht.

Analoge Zusammenhänge sind durch Tierexperimente belegt und erhärtet worden: Lebenslänglich blieb die Furcht eines Hundes vor weißen Sportwagen erhalten; sie zeigte sich darin, daß er sich jaulend zu Boden warf, wenn er einen solchen Wagen sah: Er war früher einmal von einem Auto solchen Typs überfahren worden. Es handelt sich also um einen bedingten Reflex, der von Pawlow ebenfalls an *Tieren,* und zwar an Hunden, experimentell erforscht wurde. Chronifizierungen von Antriebsstörungen und entsprechende Entlastungsphänomene in Form von Stereotypien werden häufig dadurch bedingt, daß die Angst der bösen Erfahrung — ohne eine bewußte Erinnerung, wohlgemerkt! — generalisiert wird und an ähnlichen Objekten sich immer neu entzündet. So können sich zum Beispiel Eßstörungen — durch den unnachgiebigen Essenszwang überbesorgter Eltern entstanden — hartnäckig chronifizieren, weil die positive Valenz auf Essen, die sich mit dem Hunger einstellt, durch die Dressur mit negativen Valenzen konfliktreich vermischt wurde, in sehr ähnlicher Weise wie es bei den Katzen der Fall war, die durch den elektrischen Schlag beim Zugriff zur Nahrung verstört wurden. Auch bei Kindern pflegt es in solchen Fällen häufig zu einer Fülle psychosomatischer Symptome zu kommen. Erbrechen, Nabelkolik, Pavor nocturnus, Asthma bronchiale und allgemeine Ängstlichkeit treten nicht selten als Folge solcher fundamentalen Verunsicherungen auf.

Auch wenn die Möglichkeit, sich selbst, seine Intentionen, seinen Bereich und seinen Besitz kämpfend zu verteidigen, im Ansatz unterbunden wird — was zum Beispiel dadurch geschieht, daß man kleine Kinder in der Trotzphase auf Kadavergehorsam dressiert —, pflegt es häufig als Folge der Frustration und Notwendigkeit der Spannungsentlastung des gestauten Antriebs zu Stereotypien zu kommen, vor allem auch zu aggressiven Handlungen, die gegen den eigenen Körper gerichtet sind. Das Wangenhautbeißen, das Knöchelscheuern, das Nagelhautreißen und das permanente Nägelkauen gehören zu Verhaltensstörungen dieser Art.

Viele ähnliche Berichte gibt es über Tiere, deren Angriffsmöglichkeit behindert oder unterbrochen wurde. Ein indischer Panzernashornbulle im Baseler Zoo verunstaltete sein stattliches Horn, indem er es stereotyp an einer Wand abscheuerte. Als man ihm einen zentnerschweren Ball zur Verfügung stellte, den er als Aggressionsobjekt benutzen konnte, verschwand das Symptom. Rhesusaffen, die sich in ihrer Sozietät nicht behaupten können, die also gewissermaßen die schwarzen Schafe ihrer Sozietät sind, kratzen und beißen sich außerordentlich häufig selbst, zumal wenn sie angegriffen werden. Ähnliches bekomme ich von Kindern zu hören, die aggressionsgehemmt sind und es infolgedessen nur noch unzureichend wagen, sich zu behaupten und zu verteidigen. Ein Junge zerbiß sich die Wangenhäute, wenn ihn Gleichaltrige auf dem Schulhof angriffen, ein Mädchen kratzte von einer Wunde an der Stirn jahrelang neu den Schorf ab. Es hatte eine extrem harte Erzieherin, die es täglich mit sadistischer Strenge quälte. Ein Zwölfjähriger begann, sich kreisrunde Stellen von Haaren auszureißen, nachdem es ihm mißlungen war, sich in der Gruppe zu behaupten und anerkannt zu werden. Eine Zweijährige, dich sich weigerte, auf dem Topf sitzen zu bleiben, wurde von der Mutter regelmäßig am Bettpfosten festgebunden und gezwungen, so lange sitzen zu bleiben, bis sie ihr Geschäft erledigt hatte. Das Kind begann sich stereotyp Arme und Beine zu zerkratzen. In ähnlicher Weise stellt das so weitverbreitete Nägelkauen ein Ventil ohnmächtiger Wut dar, die sich nicht am adäquaten Objekt entladen kann.

Fassen wir diese wenigen Beispiele, die für viele stehen, zusammen, so läßt sich aussagen, daß Verhaltensstörungen bei Kindern und Tieren häufig dann entstehen, wenn der Ablauf von Triebhandlungen immer wieder gestört, unterbrochen wird. Das kann geschehen, wenn das die Endhandlung auslösende Triebobjekt über lange Zeit fehlt (wie etwa die Zitze bei den Kälbern usw.) oder wenn andauernd die Außensituation nicht hinreicht, die Endhandlung auszulösen (etwa in der Gefangenschaft) oder wenn zwei stark aktivierte Triebe (etwa Flucht und Angriff) miteinander in Wettstreit liegen. In allen diesen Fällen kann es zu Störungen von Trieben kommen, die Handlungen am inadäquaten Ersatzobjekt zur Folge haben. Zu solchen Ersatzventilen können auch Teile des eigenen Körpers zählen. Die Verhaltensforscher bezeichnen diese Vorgänge als redirected behaviour, in der Humanpsychologie spricht man von Ersatzbefriedigungen — bei der Richtung gegen die eigene Person von Introjektionen.

Außerdem spricht die Verhaltensforschung in diesem Zusammenhang von Übersprunghandlungen. Sie bestehen darin, daß das Tier eine Handlung durchführt, die in der entsprechenden Situation als unpassend erscheint, weil sie aus einem anderen Triebbereich stammt. Dazu ein Beispiel: Bei Affen löst der Konflikt zwischen Angriff und Flucht vielfach sexuelle Erregung aus. Adäquate Erscheinungen gibt es auch bei Kindern: Eine Mutter kommt besorgt in die Praxis, weil sie eine geschlechtliche Anomalie bei ihrem fünfjährigen Sohn fürchtet. Sie berichtet, sie sei mit ihm und mehreren anderen Kindern in die Badeanstalt gegangen. Die Kameraden ihres Sohnes seien ins Wasser gesprungen, ihr Junge habe mehrere Male auch den Anlauf dazu genommen, den Absprung aber nicht gefunden. Daraufhin habe er plötzlich eine Erektion bekommen und sich beschämt unter einer Bank verkrochen.

Solche Übersprunghandlungen von einem Antriebsbereich in den anderen sind außerordentlich häufig und erschweren in der Diagnostik die Zuordnung einzelner Verhaltensstörungen zu bestimmten Antriebsbereichen, zum Beispiel: Manche Kinder beantworten einen Triebkonflikt mit einem abnorm tiefen Schlaf, andere mit einer extrem gesteigerten Trink- oder Eßlust. Ein Kind, das viel geschlagen wurde, reagierte regelmäßig darauf nicht mit Schreien, sondern mit Daumenlutschen. Auch das Weben der Tiere und die Jactationen, die Schaukelbewegungen der Kinder als Bewegungsabfuhr, entstammen vermutlich nicht einfach dem Bereich der Motorik. Da Jactationen häufig bereits bei Säuglingen und Affenkindern eintreten, deren »Weinen des Verlassenseins« zu selten dazu führt, die Mutter herbeizuholen, wäre es denkbar, daß die Bewegungsanomalien primär aus den Suchbewegungen nach der mütterlichen Nahrungsquelle hervorgehen.

Die eindrucksvollsten und lehrreichsten Vergleichsmöglichkeiten bieten die Forschungen der Ethologen über die frühkindlichen Entwicklungsbedingungen bei Vögeln und Affen. Konrad Lorenz und Friedrich Schutz im Max-Planck-Institut Seewiesen und Harry Harlow in den USA haben die Erfahrungen von Psychotherapeuten in einer aufschlußreichen Weise stützen können. Ausgehend von Untersuchungen an Kindern, die ihre erste Lebenszeit in

Heimen verbringen mußten, hatte sich zunehmend mehr in der praktischen Arbeit bestätigt, daß die Eindrücke und Erfahrungen eines Kindes in seinem ersten Lebensjahr eine Tragweite für die Persönlichkeitsentwicklung haben, wie sie bisher in keiner Weise je in Rechnung gestellt wurde. Heimkinder haben meist schon im zweiten und dritten Lebensjahr eine Fülle von Verhaltensstörungen: Stereotypien, etwa Jactationen, Haarreißen, Kratzen, Beißen an verschiedenen Körperstellen, Schmieren mit Sekret, Zerstörungslust, Hyperaggressivität, gesteigerte Gier im Essen und Trinken, taktlos-aufdrängendes, distanzloses bis antisoziales Verhalten, sind so häufig und so allgemein, daß man die Kinder für Geschwister halten könnte. Fast alle leiden an erheblichen geistigen Entwicklungsverzögerungen, die zu verspäteter Einschulung und in der Mehrzahl der Fälle lediglich zu einem Besuch der Sonderschule führt. Verfolgt man die Lebenslinie von Heimkindern weiter, so stößt man in einem hohen Prozentsatz auf kriminelle Delikte, wobei Diebstahl und Einbruch dominieren, aber auch Gewalt- und Sittlichkeitsverbrechen nicht selten sind. Freundschaften und länger dauernde Kontakte mit anderen scheitern oft an der fehlenden Anpassung, dem steuerlosen Egoismus, so daß die seelische Einsamkeit immer mehr zunimmt und Haß- und Rachetendenzen gegen die als böse empfundene Umwelt sich summieren.

Aber die vielen Arbeiten und Erfahrungsberichte führten bisher zu wenig Konsequenz. Niemand ging gegen das Verbrechen, Säuglinge am Fließband zu betreuen, mit Transparenten auf die Straße – im Gegenteil, selbst maßgebliche Leute erlaubten sich, solchen Forschungen schlicht keinen Glauben zu schenken und sie mit dem Gegenargument wie »dem doch auch bedenklichen Erbgut von Heimkindern« abzutun. Auch Harlow war der Meinung, daß die Mutter für ihr neugeborenes Kind nicht unbedingt wichtig sei, als er daran ging, am Rhesusaffen nachzuprüfen, ob die Einflüsse der ersten Lebensmonate Bedeutung für das spätere Verhalten haben. Seine Befunde *bestätigen* das Wissen der Humanpsychologie. Auch die kleinen Rhesusaffen, die ohne ihre Mutter aufwuchsen oder von ihr im Säuglingsstadium getrennt wurden, entwickelten massenhaft Stereotypien wie Schaukeln, Lutschen, Lecken, Selbstzerbeißen oft hunderte Male am Tage und schließlich einen pathologischen Charakter. Sie waren viel apathischer als die in den Kontrollgruppen in natürlicher Weise aufwachsenden Rhesusaffen und wurden später von der Sozietät abgelehnt, als Sexualpartner gemieden, ja es zeigte sich, daß Kaspar-Hauser-Affen als Mütter versagten: Es gelang ihnen nicht, auf das Affen baby schutzgebend und bergend zu reagieren.

Selbst diese letzte Beobachtung Harlows fand ihre Analogie in der Humanpsychologie. Mütter, die in Heimen aufwuchsen, bringen für ihre kleinen Kinder viel schwerer die notwendigen Opfer der ersten Lebensjahre, vernachlässigen sie oder geben sie auch in ein Heim, so daß es zu einer sogenannten Generationsneurose kommt.

Dazu zwei kleine Beispiele: Eine Mutter, die als »Findelkind«, wie sie sagte, großgeworden war, heiratete einen Privatgelehrten, der elternlos aufgewachsen war, einen ebenfalls schwer kontaktgestörten Mann. (Die Verhaltensforscher machten analoge Erfahrungen: Am leichtesten verpaaren sich noch Kaspar-Hauser-Affen untereinander.) Diese Frau bekam drei Kinder. Das erste ließ sie oft allein in der Wohnung, um ziellos herumzustreifen oder langdauernde Besorgungen zu machen. Während ihrer Abwesenheit entstand einmal ein Zimmerbrand, vermutlich, weil sie ein elektrisches Gerät nicht abgeschaltet hatte, wobei das Kind verbrannte. Das zweite Kind hatte bereits im ersten Lebensjahr Ekzeme bekommen, wie wir

21

es häufig bei Kindern sehen, denen ausreichender Hautkontakt fehlt. Das dritte Kind war Bettnässer.

Eine andere Mutter, die selbst »nie ein Elternhaus ge-
kannt hatte«, wie sie sich ausdrückte, gab ohne Not ihren
Erstgeborenen in ein Heim. Als sie die Betreuung des Drei-
jährigen übernahm, war sie entsetzt über die mangelnde
Bindung des Kindes an sie, denn es lief ihr häufig fort, gehorchte ihr nicht und empörte sie durch eine Freude am
Zerstören, am Zerkratzen und Beschädigen all der schönen Möbel, die sie inzwischen angeschafft hatte. Diese
Frau war im Gegensatz zu anderen Müttern auch nicht in
der Lage, einen nachholenden Mutter–Kind-Kontakt zu
pflegen. Sie lernte nichts aus den Beratungsgesprächen,
sondern verlor unentwegt die Geduld mit dem Sohn, so
daß sich seine Verhaltensstörungen zunehmend verstärkten.

Diese Beobachtungen bestätigen nun zunächst die Bin-
senweisheit, daß ein Kind unabdingbar der Nestwärme
bedarf, wenn es sich zu einem anpassungsfähigen Wesen
entfalten soll. Aber dieses Wissen, vielseitig selbst von den
Illustrierten verbreitet, reicht nicht aus, um sinnvolle Prophylaxe zu betreiben. Was also braucht ein Kind in den
ersten Lebensjahren, *wie* muß die Liebe und Nestwärme
beschaffen sein, damit es später ein ausgeglichener Mensch
werden kann?

Ich mache als Psychotherapeutin für Kinder und Jugendliche die Erfahrung: Auch Kinder, die zwischen dem
dritten und 14. Lebensmonat lange Zeit in Krankenhäu-
sern lagen, zeigen später sehr ähnliche Störungen, wie ich
durch eine katamnestische Untersuchung erhärtet habe; ja
selbst wenn innerhalb einer Familie viele pflegende Erwachsene vorhanden sind und das Kind durch seine Säuglingszeit hindurch von Hand zu Hand gereicht, einmal
von diesem, einmal von jenem gefüttert wird, kann sich

Unstetheit, Taktlosigkeit, Distanzlosigkeit ausprägen. Wird das Kind von einer anderen Person — häufig ist es heute die Großmutter, weil die junge Frau berufstätig bleibt — betreut und versorgt, so bleibt die Bindung an diese erste Pflegerin oft noch lange in einem viel stärkeren Maße erhalten. Andererseits erleben wir es nicht selten, daß es auch einer bemühten und behutsamen Pflegemutter, die das Kind nach einigen Jahren des Heimaufenthaltes übernimmt, nicht gelingt, eine Mutter—Kind-Bindung zustande zu bringen, ja selbst bei leiblichen Kindern gelingt es oft nicht, wenn das Kind als Säugling im Heim war. Hierzu zwei eindrucksvolle Beispiele: Ein Ehepaar hat Schwierigkeiten mit seinem siebenjährigen Sohn. Er sei unkonzentriert und ein Störer in der Klassengemeinschaft. Bei der psychologischen Untersuchung zeigt er das Verhalten eines hospitalgeschädigten Kindes. Die Eltern leben in gesunden Verhältnissen, zeigen erzieherisch Geschick und Bemühtheit. Dennoch klagt die Mutter, daß es ihr nicht gelinge, eine richtige Beziehung zu dem Kind herzustellen. Es ergibt sich dann, daß die Eltern aus Raumnot das Kind vom 10. Lebenstag bis zum 14. Lebensmonat in ein »einwandfreies, privates Heim« gegeben hatten.

Ein Siebzehnjähriger wird in der Malerlehre durch fortgesetzten Diebstahl aus der Ladenkasse auffällig. Außerdem ist dem Meister ein stereotypes Kratzen des Jungen an Armen und Beinen lästig geworden. Er habe auch an den Nägeln gekaut. Die Mutter berichtet, daß der Junge lange nicht habe bettrein werden wollen und trotz vieler Strafen von der Grundschulzeit ab Geld entwendet habe. Besonders betont die Mutter, daß dieser Sohn, der mittlere von sünf Kindern, als einziger so schwierig gewesen sei, so daß er auch in der Familie meist abseits gestanden habe. Nach der ersten Lebenszeit des Kindes befragt, gibt die Frau an, daß sie als Familie mit zwei Kindern nur einen einzigen Wohnraum gehabt hätten, als der Junge zur Welt kam, so daß das Gesundheitsamt die Unterbringung des Kindes im DRK-Heim angeordnet habe mit der Weisung, daß die Eltern das Kind sofort in Pflege bekommen würden, wenn sie eine größere Wohnung nachweisen könnten. Das sei aber schwierig gewesen und erst gelungen, als der Junge 14 Monate alt gewesen sei. Er habe aber bei der Rückkehr aus dem Heim die Nahrung verweigert und damals weder sitzen noch laufen können.

Daß also die Betreuung durch eine immer gleiche Person eine entscheidende Notwendigkeit ist zur gesunden seelischen Entfaltung, kristallisiert sich bei diesen Beobachtungen immer mehr heraus und wird durch die Entdeckung der Prägungsphänomene durch Lorenz in einer aufschlußreichen Weise untermauert. Graugänse und Enten — so stellte Lorenz fest — erkennen ihre Pflegerin nicht angeborenerweise — sie lernen in einer sogenannten Prägungsphase, die bei Entenvögeln wenige Stunden nach der Geburt liegt, ihre Pflegerin kennen, das heißt, sie folgen in Zukunft jenem Gegenstand nach, der ihnen in dieser Prägungsphase ständig nahe war. Lorenz und seine Mitarbeiter haben bewiesen, daß man auf diese Weise beliebige Gegenstände — selbst einen Fußball — zur künstlichen Entenmutter machen kann.

Lorenz hat diese Lernvorgänge deshalb »Prägung« genannt, weil die in der sogenannten sensiblen Periode eingestanzten Merkmale des nachzufolgenden Objekts nicht wieder löschbar sind. Die kleine Graugans Martina folgte bis an das Ende ihrer Jugend Konrad Lorenz, auf den sie geprägt war. Alle Versuche, die Tiere an Mütter ihrer Art zu gewöhnen, blieben erfolglos. Andererseits: Zog man die Gänse und Enten in Kaspar-Hauser-Situationen auf und verpaßte damit die Prägungsphase, so blieben die Tiere bindungslos, ja sie zeigten sich »taktlos«, nachdem man sie als adulte Tiere auf den Versuchssee mit den freilebenden Entenvögeln entließ. Sie blieben Außenseiter ihrer Sozietät, genau wie die Kaspar-Hauser-Affen und Heimkinder.

Diese bemerkenswerten Übereinstimmungen lassen die Vermutung zu, daß auch der Mensch eine prägungsähnliche Phase hat, in der er lernt, sich an seine Pflegerin zu binden, weil er genötigt ist, Schutz zu finden und später Nachahmungsvorgänge zu vollziehen, um selbständig werden zu können. René Spitz hat diese Vorgänge genau untersucht, gefilmt und beschrieben. Danach lernt ein Säugling seine Mutter dadurch kennen, daß er vom dritten Monat an beim Fütterungsvorgang häufig das Gesicht fixiert. Ein Wechsel der Pflegeperson kann vom vierten Monat ab heftige Angstreaktionen, Ernährungsstörungen, Hauterkrankungen und schließlich ein Versinken in Apathie und ein Stagnieren der Entwicklung hervorrufen. Wie lange diese prägsame Phase beim Menschen dauert, wissen wir nicht mit Sicherheit. Auf jeden Fall ist sie ein sehr viel komplizierterer und länger dauernder Lernvorgang als bei den Entenvögeln. Zumindest scheint es so, als ob Kleinkinder bis zum Alter von 15 Monaten noch »prägbar« sind und als wenn langfristige Mutter—Kind-Trennungen zwischen dem sechsten und zwölften Lebensmonat die gravierendsten Schädigungen auszulösen vermögen.

Noch ein Beispiel zur Bestätigung der Vermutung, daß es auch beim Menschen prägungsähnliche Vorgänge gibt: Eine Mutter, die mit ihrem 11jährigen Sohn zur Beratung kommt und über Kontaktschwierigkeiten des Kindes klagt, berichtet, daß das Kind im Alter von drei Monaten zwei Monate lang wegen Ernährungsstörungen in einem Krankenhaus habe liegen müssen. Als es entlassen worden sei und sie, die Mutter, die Betreuung wieder übernommen habe, habe sich gezeigt, daß das Kind die Nahrung verweigerte und ohne Lächeln stumpf und apathisch im Bettchen gelegen habe, während doch die Krankenschwester den guten Appetit und das freundliche Wesen des Kindes gerühmt habe. In ihrer Not habe die Mutter die Gemeindeschwester geholt. Das Kind habe diese sofort angelächelt und die Nahrung angenommen. Die Mutter habe sich dann in den nächsten Wochen mit weißem Kittel und Haube bekleidet — und da habe sich das Kind allmählich wieder an sie gewöhnt. Aber auch noch heute — fährt die Mutter fort — liebe der Junge Krankenschwestern und gehe jederzeit gern mit ihnen.

Die Konsequenz, die sich aus solchen vergleichenden Studien ergibt, müßte in dem Wissen bestehen, daß es zu den unumgänglichen Entwicklungsbedingungen eines Menschenkindes gehört, in seiner ersten Lebenszeit ausschließlich von *der* Person betreut und versorgt zu werden, die auch seine spätere Erziehung in der Hand haben wird. Dabei müßte dem Kind Gelegenheit geboten werden, viel Haut- und Blickkontakt mit dieser Betreuerin zu haben. Das ist die Hauptvoraussetzung dafür, daß Kinder später nachahmungsbereit und damit gehorsam und leicht erziehbar werden.

Darüberhinaus gibt es Beobachtungsergebnisse der Verhaltensforscher, die es wahrscheinlich machen, daß wir Menschen selbst in der Partnerwahl als Kinder vorgeprägt werden. Entenvögel jedenfalls haben jenseits ihrer frühen Kindheit eine Prägungsphase, in der sie an ihren Elternkumpanen lernen, sich später einen Geschlechtspartner der eigenen Art auszusuchen. Friedrich Schutz hat das in vielen Experimenten bewiesen, indem er junge Tiere mit artfremden Ersatzeltern oder schließlich gar mit gleichgeschlechtlichen Artgenossen zusammensetzte. Es gelang ihm auf diese Weise, sowohl zu Paarungen verschiedener Arten als auch zu lebenslänglichen gleichgeschlechtlichen Erpelehen zu verhelfen. Freilich: So irreversibel wie die Nachfolgeprägung scheinen sich diese Lernvorgänge nicht zu erweisen. Schutz spricht von einem »Wägeprinzip« und meint damit, daß bei fehlgeprägten Erpeln ein Schwanken zwischen der natürlich angeborenen Neigung zu einem Weibchen und der falsch gelernten Hinwendung zum Männchen bestehen bleibt und gelegentlich auch ein Wechsel zwischen homo- und heterosexuellem Verhalten stattfindet.

Wie man die Zerrissenheit eines Lebewesens, das in einen Konflikt zwischen einer natürlichen Anlage und einer Fehlprägung gerät, im Tierexperiment studieren kann, hat Schutz in seinen letzten Versuchen gezeigt, die er mir mündlich schilderte: Er hatte Erpel auf gleichgeschlechtliche Tiere geprägt und sie danach bis zur Geschlechtsreife isoliert gehalten. Dann hatte er jeweils ein Tier in einen mittleren Käfig gesetzt zwischen zwei Boxen, in denen sich links eine Ente, rechts ein Erpel befand. Schließlich hatte er die trennenden Seitenwände zu dem Versuchstier gleichzeitig entfernt. Das Ergebnis war verblüffend: Das Tier entschied sich überhaupt nicht, sondern begann sich stereotyp um sich selbst zu drehen und dabei fortgesetzt in den eigenen Schwanz zu beißen. Auch hier bestätigt sich, daß bei unlösbaren Konflikten Introjektionen und Stereotypien als Erregungsabfuhr auftreten können.

Aber darüber hinaus legen diese Versuche Vergleiche mit der Lebensgeschichte sexuell pervertierter Menschen nahe. Die Psychoanalyse hat von ihren Anfängen an behauptet, daß der Mensch in der sogenannten ödipalen Phase der Fünfjährigkeit eine spezifische Beeindruckbarkeit besitze, die maßgeblich sein könne für sein späteres Liebesleben. Danach scheint es so, daß auch der Mensch in der Kindheit eine sensible Periode hat, in der das Hinwenden zu einem gegengeschlechtlichen Partner prinzipiell festgelegt wird. Dieses Kennenlernen eines generalisierten Objekts erfolgt — genau wie bei den Enten — in einem anderen Funktionskreis, als für den es bestimmt ist, nämlich an den Eltern. Durch ungünstige Vorbilder können diese Muster ver- und entstellt werden, so daß der Mensch sexuelle, auf eine gegengeschlechtliche Person gerichtete Antriebsimpulse unterdrückt, wenn sie in der Reifezeit in Erscheinung treten. Ist bei einem Kind die Basis für eine spätere gegengeschlechtliche Objektwahl ausgefallen oder zu schmal, kann es zu auffälligen Verknüpfungen zwischen genitalen Sensationen und inadäquaten Objekten kommen. Auf diese Weise können Fetischismus, Pädophilie und Homosexualität entstehen. Es kann aber auch bei solchen Konflikten etwas Ähnliches geschehen wie bei Schutz' Erpel: Der Konflikt kann lediglich Angst und Verdrängung der sexuellen Impulse auslösen, so daß es zu psychosomatischen Störungen und inadäquaten Reaktionsformen kommt, Erscheinungen, die wir beim Menschen aufgrund solcher Ätiologie als Hysterie bezeichnen.

Dazu noch ein Beispiel: Angela hatte einen jähzornigen und brutalen, trunksüchtigen Vater gehabt. Sie hatte als kleines Kind häufig erlebt, wie er nach Hause gekommen war und die Mutter geschlagen hatte. Sie hatte ihn gefürchtet und vor ihm gezittert. Dann war der Vater gestorben. Von diesem Zeitpunkt ab durfte sie bei der Mutter schlafen, die weich und fürsorglich war. Als Angela in die Pubertät kam, begann sie in der Schulstunde bei einer sehr freundlichen und von ihr geschätzten Lehrerin plötzlich zu wünschen, diese Lehrerin zu streicheln. Als ihr das bewußt wurde, bekam sie einen fürchterlichen Schrecken. Sie versuchte die Phantasie abzuwehren, weil sie zunehmend mehr das Gefühl hatte, deswegen ein »schmutziger« Mensch zu sein, aber es gelang ihr nicht. Sie zog sich mehr und mehr von den Klassenkameradinnen zurück und hatte den Eindruck, diese mieden sie, weil sie ihre Schlechtigkeit spürten. Eines Tages erlitt sie in der Schule einen solchen Angstanfall, daß ihr die Sinne schwanden. Als sie erwachte, sah sie Kameradinnen und Lehrerin voller Zuwendung und Besorgtheit um sie stehen. Auch zu Hause nahm man sie jetzt doppelt fürsorglich und schonend auf. In der Folge kam es immer häufiger zu solchen Angstattacken und Ohnmachtsanfällen.

Ich hoffe, daß deutlich geworden ist: Es kann nicht die Rede davon sein, daß bei den Verhaltensstörungen von Kindern und Tieren völlig gleichartige Handlungsvorgänge vorliegen. Schon die viel größere Länge der jeweiligen sensiblen Phasen beim Menschen und die Tatsache, daß die Therapieresistenz sowohl bei neurotischer Verwahrlosung als auch bei neurotischer Perversion doch immer einmal wieder durch langfristige psychotherapeutische Bemühungen durchbrochen werden können, spricht dafür, daß wir den Terminus Prägung nicht vorbehaltlos auf den Menschen übertragen können. Zum Beispiel das Mutter-Erkennen, Mutter-Unterscheiden, Gernhaben und deswegen Nachahmenmögen ist beim Menschenkind ein Lernvorgang, in welchem die positive Gefühlsbeteiligung ein bestimmender Faktor ist. Das wissen wir deshalb, weil nicht nur der Ausfall der pflegenden Mutter Hospitalismus des Kindes hervorrufen kann, sondern ebensosehr eine kalte und lieblose Säuglingsmutter, die bewirkt, daß der Säugling die Lust verliert, seinen Antrieb nach Zuwendung zu tätigen. Wenn so eine oft wiederholte »schlechte Erfahrung« in der frühen Kindheit auch »wie Pech klebt«, so ist es grundsätzlich doch möglich, daß sie später durch bessere Erfahrungen korrigiert wird.

Die Möglichkeit, in sensiblen Phasen grundlegende Erfahrungen zu machen, scheint sich also im Laufe der phylogenetischen Höherentwicklung differenziert zu haben.

Der Zoologe und Verhaltensforscher Rensch spricht in diesem Zusammenhang von einer Psychophylogenese. Diese Tatsache phylogenetischer Entwicklung berechtigt uns im Grunde erst zu einem Vergleichen und zu einem fruchtbaren Auswerten der Befunde: Die Tierverhaltensforscher können uns an Tieren einfache Strukturen aufzeigen, die geeignet sind, unser Verständniss über die Entfaltungsbedingungen des Menschen zu vertiefen. Die Neurotisierbarkeit des Menschen gerade in der frühen Kindheit zeigt uns

1. den Vorrang des Triebgeschehens in den ersten Lebensjahren des Menschen und

2. seine Abhängigkeit von bestimmten biologisch festgelegten »natürlichen« Entwicklungsbedingungen, die nicht ungestraft vernachlässigt werden dürfen.

Die vergleichende Verhaltensforschung lehrt uns also, daß wir den Menschen keineswegs grenzenlos manipulieren können, ohne ihm in seiner psychischen Gesundheit tiefgreifend zu schaden. Wir sind vielmehr darauf angewiesen, genau zu beobachten, wie die natürlichen Entwicklungsbedingungen aussehen, und müssen versuchen, uns ihnen anzupassen. Dabei scheint es, daß es höchste Zeit ist, daß die zivilisierten Völker von diesen Ergebnissen lernen. Schon jetzt zeigen sich sehr generelle Phänomene, die darauf schließen lassen, daß Anpassungsbereitschaft, Bindung und Verantwortungsgefühl für überpersönliche Ordnungen bei einer immer größer werdenden Zahl von Menschen nicht mehr zureichend und steuernd vorhanden sind. Wenn der homo faber dem Rausch des Sieges über die Natur verfällt, statt von ihr zu lernen, wird sie ihn mit Krankheit und Verwahrlosung seiner Nachkommen schlagen. Und dann werden gesündere oder klügere Völker sein Erbe anzutreten haben.

2. Über die Verwahrlosung und ihre Entstehung

Das wohlgepflegte Bild unseres Städtchens wird gelegentich durch Menschen ohne festen Wohnsitz beleidigt, die durch ihr verwahrlostes Äußeres, durch Trunkenheit oder durch Schlafen auf Bänken und öffentlichen Plätzen auffallen und manchmal auch stehlend durch die Lande des Wohlstandsstaates Bundesrepublik ziehen. Das Mitleid mit diesen Menschen, auf das sie früher eher noch hoffen konnten als heute, schwindet mehr und mehr, denn jeder vernünftige Mensch sagt sich: Wenn sich nachweisen läßt, daß sie nicht arbeiten können, so brauchen sie lediglich einen festen Wohnsitz zu beziehen, um von der Gemeinde als Rentenempfänger getragen zu werden. Es folgt daraus der trügerische Schluß: Diese Menschen sind selbst schuld an ihrer Not, sie sind verachtenswerte, nichtswürdige Kreaturen. Man sollte sie einsperren und bestrafen.

Diese Einstellung scheint berechtigt, wenn wir sie in dieser Weise vordergründig betrachten. Zweifelhafter aber wird sie, wenn wir der Frage nachgehen: Ja, warum können denn diese Menschen nicht seßhaft werden? Was ist es, das sie so unstet umhertreibt? Warum scheiterten alle ihre Versuche, bei stetiger Arbeit auszuharren und sie durchzuführen? In den Registern der Polizei finden sich dafür zunächst Anhaltspunkte: Trunkenheit in der Arbeitszeit, Diebstahl, unregelmäßiges Erscheinen am Arbeitsplatz, Bummelei, gelegentlich auch Brandstiftung, Hochstapelei und Tätlichkeiten haben zu wiederholten Entlassungen und teilweise sogar zu Gefängnisstrafen geführt. Jeder neue Versuch zur Sozialisierung scheiterte wie der vorangehende an dem Mangel an Stetigkeit, Ord-

nung und Ausdauer, ein trauriger Teufelskreis, der End-
zustand einer seelischen Erkrankung: der Verwahrlosung.
Sie werden bei dem Wort »Erkrankung« vielleicht prote-
stieren. Denn sind diese Leute nicht ganz offensichtlich
im höchsten Maße willensschwach? Warum strengen sie
nicht, wie wir auch, täglich ihren Willen an, um mit der
Lust am Faulsein, am Sichgehenlassen fertig zu werden,
wozu wir uns auch schließlich immer neu überwinden
müssen? Aber, möchte ich Ihnen entgegnen, wissen Sie
denn, ob diese Menschen überhaupt die Fähigkeit besitzen, ihren Willen steuern zu *können*? Das nämlich macht
einen wesentlichen Teil dieser Schädigung gerade aus: das
Unvermögen, wollen zu können. Früher nahm man nun
an, daß die Fähigkeit zu wollen, sich zu interessieren, zu
planen eine angeborene Gabe sei, wie ein gerader körperlicher Wuchs. Die psychologische Forschung der letzten
fünfzig Jahre hat diese Annahme aber in ihren Grundfe-
sten erschüttert. Denn genauso, wie das gerade Rückgrat
eines Menschen sich meist nur entwickelt, wenn er in den
ersten Lebensjahren eine bestimmte Zufuhr von bestimmten Vitaminen erfährt, genauso braucht der Mensch in seiner frühen Kindheit unumgänglich bestimmte Befriedi-
gungserlebnisse, wenn er nicht an seiner Seele Schaden
nehmen soll, der seinen Charakter in einer schwerwiegenden Weise verändert und verbiegt.

Eine Art dieser krankhaften Veränderungen ist die neurotische Verwahrlosung. Sie zeigt sich keineswegs etwa
nur in einem ungepflegten Äußeren und keineswegs etwa
nur in einem asozialen Milieu. Es gibt sie heute vielmehr
in vielen verschiedenen Erscheinungsformen und in zahllosen Gradunterschieden bis hin zu der extremen Form
des Pennbruders. Sie ist unter den heutigen Arten seelischer Erkrankungen die weitaus am häufigsten vorkom-
mende — auch in den angesehensten Bürgerfamilien — und

dabei die am schwersten heilbare Störung. Denn man konnte nachweisen, daß Menschen, die Verwahrlosungszüge aufweisen, meist schon während ihrer Säuglingszeit den ersten grundlegenden seelischen Schaden erlitten haben. Sehr umfangreiche Untersuchungen haben bestätigt, daß die Art der Pflege eines Säuglings für sein späteres Leben von unermeßlich großer Bedeutung ist. Es gibt drei große unerläßliche Grundbedürfnisse für den Säugling, die — werden sie unzureichend befriedigt — fürchterliche Gefahren für das Gedeihen des Kindes bedeuten. Diese drei Grundbedürfnisse sind: *Sättigung,* liebevolle *Zuwendung* und allmählich wachsende *Aufforderung* zur Welt hin.

Wir wissen heute, daß eine ganze Reihe zivilisatorischer und hygienischer Maßnahmen die Säuglingssterblichkeit zwar beträchtlich herabsetzt, die Gefahr des seelischen Schadens aber um so mehr erhöht hat: die Klinikzeit des Neugeborenen, in der es fern von der Mutter in einem Säuglingszimmer untergebracht ist, die sklavische und sofortige Einhaltung der fünfmaligen Fütterungszeit pro Tag, die Ersetzung der Muttermilch durch die Flaschenmilch, die Berufstätigkeit der jungen Mutter.

Kindern, die die bergende, warme, zärtliche, immer nahe, nährende Mütterlichkeit nicht erlebt haben, wird in ihr Grundwesen wie mit einem tiefen Stempel eine Reihe negativer Gefühlserfahrungen eingestanzt: das Gefühl von Angst vor dem das Alleingelassensein von der nährenden Quelle, das Gefühl grenzenloser *Sehnsucht* nach etwas Unerreichbarem, nämlich der schützenden Mutter, das Gefühl von *Hoffnungs-* und *Zwecklosigkeit,* von *Heimat-* und *Bindungslosigkeit,* von unruhvoll-schlaflosgespannter *Unersättlichkeit.* Diese Gestimmtheit als das Ergebnis angstbesetzter Erfahrung im ersten Lebensjahr ist in den so geschädigten Menschen einfach *da,* ohne daß sie sich durch eine gegenteilige Überlegung später revidieren ließe. Sie ist ja erworben, bevor bewußtes Denken überhaupt einsetzen konnte, ist eine Gefühlsprägung. Diese bildet aber einen außerordentlich schlechten Start für das Hineinwachsen des Menschen in die Welt und in sein Leben, denn dazu braucht er vor allem drei Eigenschaften: wissensdurstige und eroberungslustige Neugier, unbekümmerten Mut und Vertrauen — Eigenschaften, die sich in den also Geschädigten schon im Ansatz nicht entfalten können. Solche Menschen neigen aus ihrer negativen Gestimmtheit heraus später viel zu leicht dazu aufzugeben, weil sie viel zu wenig Hoffnung haben, daß ein angestrebtes Ziel sich überhaupt verwirklichen läßt. Oder sie suchen mit Hast und Ungeduld zu erreichen, was Beharrlichkeit und Ausdauer voraussetzt. Die Mißerfolge bestätigen das Gefühl von Zwecklosigkeit und verstärken die resignierte Passivität.

Aber was haben diese Charaktereigenschaften, die Passivität, Depression, Trübsinn bei solchen Menschen verursachen, mit jenen unangenehmen, ordnungsfeindlichen Erscheinungen zu tun, von denen am Anfang die Rede war? Und wie unendlich viele Verwahrloste müßte es geben, wenn schon ein wenig zu wenig Nahrung und Liebe so eine Schädigung auslösen könnte. Darauf ist zu erwidern: Es gibt auch tatsächlich unendlich viele, heute mehr denn je und am meisten in dem reichsten Land der Welt, den USA, nur, daß die wenigsten den Grad des Pennbruders erreichen, daß sie also z. T. ein sehr viel unscheinbareres Aussehen haben — und daß im weiteren Lebensschicksal noch eine Reihe *weiterer negativer Erfahrungen hinzutritt, eine Reihe positiver Erfahrungen ausbleiben müssen,* um endgültig in einen Zustand neurotischer Verwahrlosung einzumünden.

Ich möchte, um dies verständlich zu machen, das Erscheinungsbild und die Entwicklungsgeschichte der neurotischen Verwahrlosung an einem Beispiel schildern und dazu die Vorgeschichte eines 14jährigen Jungen erzählen, den ich ein Jahr lang betreut habe. Dieser Knabe, Karl-Heinz, war dadurch auffällig geworden, daß er sich in einem zunehmenden Maße kleiner Diebstähle schuldig gemacht hatte: Zunächst hatte er nur im Hause den Eltern Geld gestohlen zu merkwürdigen Zwecken: um für seine Schulklasse Faschingsmasken zu kaufen oder sie mit Spielzeugpistolen zu versorgen, alles Gestohlene verschenkend und verteilend. Dann hatte er dem Rektor die Stoppuhr und dem Pastor die Abendmahlsoblaten entwendet, in den Miethäusern die Sicherungen zerstört, die Schule geschwänzt, Unterschriften gefälscht und falsche Angaben über den Berufsstand seines Vaters und dessen Einkommen gemacht. Er war ein bedenklich schlechter Schüler in der 6. Klasse einer Realschule. Außerdem litt er seit seinem 8. Lebensjahr an Asthma, so daß er häufig bettlägerig war und ohne Erfolg oft schon verschickt worden war. Der Junge spielte bei der ersten Vorstellung glänzend und fast überzeugend die Rolle des lässig, ein wenig gelangweilten Überlegenen, dem das gespannte Mißtrauen nur gelegentlich verstohlen aus den Augenwinkeln linste. Sein Vater war Triebwagenführer, seine Mutter Verkäuferin. Karl-Heinz war 1947 noch in der schlechten Zeit geboren worden, und da die Eltern schon vier Kinder durchzubringen hatten und nicht mehr die allerjüngsten waren, war ihnen dieses nachgeborene Kind höchst unerwünscht gewesen, wie sie beide unumwunden aussagten. Da die Mutter zudem berufstätig war, hatte sie das Kind schon kurze Zeit nach seiner Geburt zu Bekannten in Pflege gegeben in der Hoffnung, daß diese kinderlose Frau den Jungen vielleicht adoptieren würde. Erst als das Kind schon beinahe drei Jahre alt war, seien sie dahintergekommen, daß die Frau eine Trinkerin sei und das Kind hochgradig vernachlässigt habe. Es habe noch nicht laufen und noch nicht stehen können und vor Hunger einen aufgetriebenen Bauch gehabt. Sie hätten Karl-Heinz darauf zwei Jahre zu seiner Großmutter gegeben, die damals gerade aus der Ostzone gekommen sei. Diese habe ihn sehr verwöhnt. Erst kurz vor dem Schulbeginn, als die Großmutter gestorben sei, sei Karl-Heinz schließlich zu ihnen gekommen. »Und seit dieser Zeit hat Karl-Heinz unser Leben zerfressen«, meint die Mutter und erzählte, wie er unentwegt gebummelt habe, wie er vor lauter Faulheit nicht habe lernen wollen und wie er alle Arbeit und alles Spiel höchstens 10 Minuten durchhalte, wie scheußlich, unverschämt und unordentlich er sei. Vor seinem Vater habe der Junge wohl ein wenig Respekt. Der habe sich für den Jungen auch einen extra langen Stock angeschafft, aber bei all den vielen Schlägen und Strafen habe er nie auch nur eine Träne vergossen oder in irgendeiner Form Reue gezeigt. Er sei kalt, ohne Einsicht und gänzlich unverbesserlich, meinte die Mutter seufzend. Nur zu Fremden sei er von galanter Höflichkeit.

Das ist das typische Bild einer sogenannten Verwahrlosung in der Schilderung der Angehörigen. Im Vordergrund der Störung stehen: die aufreizende Passivität und der Mangel an Ausdauer, Lernverweigerung und Ordnungsprotest, die scheinbare Unberührbarkeit durch Strafen, Großmannssucht, ja häufig eine aalglatte Anpassung draußen, trotziger Ungehorsam und hinterhältige Quälsucht zu Hause.

Solche Kinder und Jugendliche gibt es in verschiedenen Nuancen verhältnismäßig häufig. Aber inwiefern ist das Bild dieser trotzig kalten, negativen Charakterzüge in Zusammenhang zu bringen mit jener Gestimmtheit von Angst, Hoffnungslosigkeit und Depression, als der Ausdruck negativer Erfahrungen in der Säuglingszeit? Müßte sich so eine Not nicht in Gedrücktheit, als Trübsinn, als Traurigkeit auch äußern?

Ja, es ist möglich, daß sich die Schädigung der Säuglingszeit in dieser Weise äußert, aber das sehr selten schon in der Kindheit, sondern viel eher im Erwachsenenalter unter dem Eindruck zusätzlicher Enttäuschungserlebnisse, die manchmal sogar zum Selbstmord führen. In der Kindheit wird vielmehr immer wieder der Versuch unternommen, den Schaden irgendwie auszugleichen, die fehlenden Erlebnismöglichkeiten zu ersetzen durch andere, die eine Entfaltung auf Umwegen doch noch ermöglichen könnten, so ähnlich wie ein Bäumlein, dessen Haupttrieb immer wieder zerstört wird, einen Seitentrieb an seine Stelle setzt um damit, wenn auch etwas verbogen, weiterzuwachsen. Aus der Not läßt sich auch hier eine Tugend machen: Ein Kind, das auf dem Boden seines Grundgefühls von nichtgeliebter Hoffnungslosigkeit übertrieben verzichtbereit ist, kann im günstigsten Fall hieraus einen ungewöhnlichen Altruismus entwickeln.

Fragwürdiger ist es, wenn das Gefühl von Zwecklosigkeit aller Anstrengung, hinter der ja die müde Passivität lauert, zu einem bequemen Ersatzgenießen ausgebaut wird, wobei das Kind in einem wesentlichen Teil seiner Seele ein Säugling bleibt: ein untätiges, unschöpferisches, hauptsächlich essendes, schlafendes und Riesenansprüche stellendes Wesen. Später sind gerade solche Menschen anfällig für Süchte aller Art, vor allem für Trunkenheit, Freßsucht, Nikotinsucht und Rauschgiftsucht.

Die ungünstigste Ersatzbefriedigung einer unbefriedigten und unumfriedeten Säuglingszeit ist der Versuch des räuberischen Trotzes nach dem Motto: Bitten, fordern, schreien ist zwecklos — man muß es schon rauben. So entstehen die zwanghaften Diebe, die, ohne es selbst zu ahnen, unermüdlich versuchen, das ihnen Vorenthaltene sich auf illegale Weise anzueignen.

Schlimm für die Entwicklung solcher Kinder ist es nur, daß sie etwas unbewußt Angestrebtes auf diese Weise in der Tat erreichen, aber eben nur in *negativer Weise:* die Zuwendung ihrer Erzieher aber eben zwangsläufig und leider in *strafender* Form. Diese Zuwendung erzeugt in den Kindern eine ihnen bisher unbekannte Freude: die Lust an der Zuwendung, und da sie sie nur in Form von Strafen erfahren — die Lust am Gequält- und Bestraftwerden. Hieraus entwickelt sich der Drang zum Provozieren, zum Reizen, zum Quälen in den Kindern, um wieder in den Genuß der Zuwendung zu kommen. Gleichzeitig mit dem Zuwendungserlebnis empfinden solche Kinder die Strafe als eine Entlastung von den Schuldgefühlen, die sich durch die Verweigerung der Ordnung in ihnen gebildet haben. Die Suche nach Zuwendung und das Strafbedürfnis — der sich immer mehr entwickelnde perverse Drang zum Gequältwerden — erhöhen immer neu den Drang zum Schlimmsein. Damit sitzen Kinder und Eltern in einem sie nie entlassenden festgefügten Teufelskreis, der für die Kinder auch außerhalb des Elternhauses nicht durchbrochen wird, weil die eingeschliffenen Verhaltensweisen immer wieder störend hervortreten. Führt die oberflächliche glatte Scheinanpassung einmal zu einem Ansatz von Freundschaft, so pflegt sie meist rasch an jener Neigung zum Quälen zu scheitern, weil jene Menschen eben keine andere Möglichkeit des Kontaktes mit Menschen kennengelernt haben. Gelegentlich mag dieser Teufelskreis einmal durch die unermüdliche Kraft eines Liebenden durchbrochen werden, der geduldig jede Kränkung mit liebender Vergebung beantwortet. Auf diese Weise ist Wandlung durch den lebendig wirkenden christlichen Geist möglich, im allgemeinen aber und im Rahmen der

Gemeinschaft stoßen wir an eine Grenze, ja manchmal mündet eine solche Schädigung später sogar in eine kriminelle, aggressive Form der Verwahrlosung ein. Dann gilt es, die Gemeinschaft vor solchen Elementen zu schützen und die Ordnung aufrechtzuerhalten. Alles vorübergehende Inhaftieren aber hilft im Grunde überhaupt nichts — schützt auch die Gesellschaft nur vorübergehend, vor allem wenn das Strafverfahren vom Delinquenten als Zuwendung erlebt wird und dem Bedürfnis nach Straffälligkeit einen dranghaften Charakter verleiht —, eine Tatsache, die in unserem Gerichtswesen weder erkannt noch der in irgendeiner Weise Rechnung getragen wird.

Steuern ließe sich dieses Übel sicher nur durch Wissen, Vorbeugen und möglicherweise Hilfe, wenn sich die ersten Anzeichen einer Verwahrlosung im Kind zeigen: Diese pflegen heute schon sehr früh in Erscheinung zu treten, auch wenn die Eltern sie nicht sehen wollen oder können, spätestens einige Monate nach dem Schuleintritt. Denn ein in der Säuglingszeit geschädigtes Kind mag recht intelligent sein, wenn es mit einer typischen neurotischen Passivität, Bequemlichkeit und der unruhigen Gespanntheit des seelisch Hungrigen eingeschult wird, bekommt es schon im ersten Schuljahr Leistungsschwierigkeiten. Es ist für den angebotenen Lernstoff einfach nicht zu interessieren, kann nicht beharrlich genug ein Lernziel verfolgen, eben weil ihm die ausreichende Erfahrung fehlt: Das, was du erhofft hast, kommt eines Tages doch — ja, ihm fehlten schon der Mut und die Neugier, eine Arbeit überhaupt zu beginnen.

Die Passivität Karl-Heinzens war also nicht einfache Faulheit, ein Nichtwollen, sondern ein Unvermögen, das aus einer sehr früh eingebahnten Resignation floß. Seine Verstocktheit aber war eine Verhärtung, eine Abwehrreaktion gegen die im Untergrund stehende Depression, das Resultat seiner resignierenden Gestimmtheit, die er in der Säuglingszeit erworben hatte. Als der Vater dann versuchte, diese gedrosselten Antriebe mit dem Stock zu mobilisieren, hatte der Junge noch eine zusätzliche Hemmung seiner auf diese Weise gesteigerten Aggressivität erfahren. Aggression zu stauen — das wissen wir heute längst — ist aber eine außerordentlich fragwürdige Angelegenheit; denn gestauter Druck bedeutet niemals verminderter, sondern vermehrter Aggressionsimpuls. Es bestehen bei einem Übermaß der Stauung zwei Möglichkeiten: die des vehementen Durchbruchs — oder die der umorientierten Handlung.

Bei Karl-Heinz nun zeigte sich die Drosselung seiner Aggressivität in einem körperlichen Symptom, wie es durchaus nicht selten ist: im Asthma. Dementsprechend verschwand auch das Asthma schon nach wenigen Behandlungsstunden, die der Entladung seiner Aggression dienten. Und das Erstaunliche: Mit diesem Symptom verschwand auch die typische Verstocktheit Karl-Heinzens, diese die Eltern so aufreizende Reuelosigkeit bei jeder Form von Strafe. Sie war lediglich eine Verhärtung, eine Abwehrreaktion gewesen gegen die im *Untergrund stehende, tiefe Depression.* Als Karl-Heinz in der Behandlung diese Gefühlsverhärtung abbauen konnte, kam dann auch zunächst die eigentliche Gefühlslage als eine große Traurigkeit, als Appetitlosigkeit, als ein Impuls zum Weinen und als Schlaflosigkeit zum Ausdruck. Diese Traurigkeit mußte erst durchgestanden, sie mußte als berechtigt angenommen werden, denn damit rückten auch die Quellen der Traurigkeit, seine Sehnsucht nach Zuwendung, nach liebender Bestätigung und nach Habenwollen ans Tageslicht. Erst als dann die Lücke im Antrieb des Zupakkens in langer Übung ausgefüllt war, erst als wir dem Jungen bei Rückfällen in Ordnungslosigkeit und Passivität immer wieder unser Vertrauen und unsere Zuwendung bewiesen hatten, erst dann verschwand auch sein Stehlzwang.

Wie benehmen sich nun die Kinder, die in dieser Weise geschädigt sind, in der Schule? Sie sind dickfellig, träge, ablenkbar, unkonzentriert, dann aber wieder aufsässig und hinterrücks aggressiv. Sie versagen häufig besonders im Diktatschreiben. Dieses Handicap, nicht arbeiten zu können, weil das Urvertrauen fehlt und der Geist nun einmal nicht wachsen kann, wenn Leib und Seele mit ihren unbefriedigten Bedürfnisspannungen dazwischenfunken, führt abermals zu dem Erlebnis der Zwecklosigkeit, zu zusätzlichen Entmutigungen, und löst häufig eine Kette von Ersatzbefriedigungen aus. Es kommt oft schon in dieser Zeit vor, daß Kinder ziellos von zu Haus fortlaufen, aber nur scheinbar ziellos, weil das Ziel nicht bewußt angepeilt wird. Sie suchen nach der Heimat, nach der Mutter, die sie nie in ihrer eigentlichen Wesenhaftigkeit erfahren haben: Deshalb sind so viele der kindlichen Fortläufer in den Häfen wiederzufinden, nicht weil sie das Abenteuer suchen, wie sie sagen, sondern weil die Sehnsucht, sich mit Hilfe eines bergenden Schiffsrumpfes aus dieser scheußlichen Welt zu entfernen, zum durchbrechenden Drang wird.

Im Grunde sind die Streuner und Vagabunden Heimwehkranke, Suchende. Sehr ähnlich — das möchte ich hier nur andeuten — sind die sexuell Verwahrlosten meist keine abnorm triebhaften Menschen, sondern Menschen, die häufig zufällig Sexualität als seelische Zuwendung erlebten und die es nun suchthaft treibt, zuzulaufen auf der Jagd nach einer Zuwendung, die immer leer bleibt.

Auch die Hochstapler haben im Grunde eine Verwahrlosungsstruktur. Auch sie können nicht arbeiten wollen. Ihre Suche nach Anerkennung und Zuwendung äußert sich vor allem im Brillieren, das keinen Fundus besitzt. Die Hochstapler sind die Hautevolee der Verwahrlosten, denn sie pflegen in einer spezifischen Weise intelligent zu sein, ohne die Möglichkeit zu haben, diese Gaben durch stetige Arbeit zu nutzen. Sie werden, da sie ein gutes Gedächtnis, eine rasche Auffassungsgabe und oberflächliche Wendigkeit haben, leicht verführt, diese Eigenschaften in den Dienst eines auf Übertreibung basierenden Ansehens zu stellen. Denn ein Hochstapler wird nur, wer mit Hilfe von Lüge und Übertreibung zumindest eine Zeitlang Erfolg hat.

Ich darf noch einmal zusammenfassen: Die Diebe, die Hochstapler, die aggressiv Verwahrlosten, die Wegläufer und die sexuell Verwahrlosten — sie alle haben in der Wurzel während ihres ersten Lebensjahres eine Schädigung erfahren. Sie zeigen dadurch spezifische Charakterzüge, die ihnen allen gemeinsam sind: das Unvermögen, bei stetiger Arbeit auszuharren, die innere Unruhe, das Ausweichen vor der Angst in scheinbare Gleichgültigkeit, die Versuche, zentrale Unerfülltheit durch Ersatzbefriedigungen zuzudecken, wobei die Suche nach negativer Zuwendung der gefährlichste Weg ist.

Alle Verwahrlosten unterscheiden sich zudem durch ein sehr markantes Merkmal von anderen neurotischen Störungen, die in der Säuglingszeit ihre Wurzel haben: durch die Vernachlässigung oder gar Verweigerung der Ordnung. Sie kann allein schon entstehen durch jenen negativen Teufelskreis, den ich schilderte: Passivität des Kindes bewirkt Forderungsdruck der Erziehenden. Dieser stößt auf die Abwehr des Kindes, weil es mit zu wenig Ausdauer ausgestattet ist und daher auch der geringste Leistungsanspruch schon als Überforderung erlebt wird. Daraus resultieren Gereiztheit, Zorn und Strafe von seiten der Eltern, die das Kind als negative Zuwendung und Schuldentlastung erlebt. Verschärfte Forderungen der Erzieher lösen einen erhöhten Widerstand des Kindes und den Drang zum Provozieren aus, wodurch es zu vermehrter Ordnungsverweigerung und stärkeren Schuldgefühlen in dem Kind kommt usw. usw.

Die Verweigerung der Ordnung kann aber auch auf entgegengesetzte Weise entstehen, wenn ein mit neurotischer Mutlosigkeit ausgestattetes Kind in seiner Vorschulzeit jenseits des 1. Lebensjahres jetzt statt überfordert *verwöhnt* wird. Unser Karl-Heinz zeigt so eine typische Vorgeschichte: Härte, Hunger, liebloses Verstoßenwerden in der Säuglingszeit, Einengung und Verwöhnung der Großmutter in der Vorschulzeit. Die Verwöhnung zu diesem Zeitpunkt der Entwicklung ist deshalb so gefährlich, weil sie die schon vorgebahnte Passivität stützt und die schöpferischen expansiven Kräfte lähmt, deren Entwicklung die Aufgabe dieser Lebensphase ist. Damit wird eine wesentliche Vorstufe zielvollen Arbeitens nicht bewältigt: das konstruktive Spiel. Deshalb sind Verwahrloste immer Menschen, die niemals richtig spielen gelernt haben.

Karl-Heinz war auch ein passives Kind gewesen, ehe die lahmgelegten expaniven Bedürfnisse sich in seinen Diebereien und Streichen — alle Ordnung durchbrechend — dennoch Gehör verschafften. Dabei ist typisch für solche Kinder, daß die Diebesbeute nicht der Bereicherung dient — diesen Kindern fehlt häufig die Beziehung zum Besitz —, sondern daß die Beute in den Dienst der Werbung um Anerkennung und Freundschaft gestellt wird. Deshalb kaufte Karl-Heinz die Masken, und deshalb verteilte er alle von dem gestohlenen Geld gekauften Süßigkeiten in seiner Schulklasse.

Das Märchen von Hänsel und Gretel gibt in unübertrefflicher Weisheit eine genaue Schilderung dieses Entwicklungsganges und seiner Gefahren: Von der Mutter, die leiblichen Hunger und seelischen Mangel leiden ließ, verstoßen, geraten die Kinder in noch viel größere Gefahr: von der Frau mit dem Lebkuchenhaus, vom Überfluß selbst eingesperrt und fast gefressen zu werden. Nur noch das Feuer und der Mord retten vor dem sicheren Untergang.

Vielleicht ist nun schon besser zu verstehen, warum die seelische Verwahrlosung in der westlichen Welt eine der häufigsten Erkrankungen und generell eine so große Gefahr für die seelische Gesundheit dieser Völker zu werden droht:

Unsere Art der Säuglingspflege berücksichtigt sehr häufig nicht mehr in ausreichendem Maße die natürlicherweise notwendigen Lebensbedingungen für einen Säugling: nämlich die allernaheste Verbindung mit seiner Mutter, wobei die Berufstätigkeit der jungen Mütter eine zusätzliche Gefahr heraufbeschwört. Darüber hinaus verführt die westliche Lebensart neben dieser Härte für den Säugling zu einer Verwöhnung im Spiel- und Schulalter — allein schon durch das Übermaß technisierten Spielzeuges, des Fernsehens, des häufigen stundenlangen Sitzens im Auto. Alle diese technischen Errungenschaften drücken das Kind *zur Unzeit* zusätzlich in die Passivität in einem Alter, in dem sich seine schöpferischen Kräfte und seine Willensimpulse zu entwickeln haben. Vollgestopft mit vorgekauten Konsumgütern wird die durch den seelischen Mangel erzeugte Lahmheit jetzt künstlich fettgemacht, zu einer Fettheit freilich, die mit zuchtloser Unordnung und Aggressivität reagiert, wenn die Schule und später das Leben Verzichte und längerdauernde Anstrengungen erfordern.

Seit dem Märchen von Hänsel und Gretel wissen wir schon: Härte und Hunger machen heimatlos und treiben an den Abgrund, Verwöhnung und Überfluß machen lahm und fressen auf. Die Psychologie bescherte uns den wissenschaftlichen Nachweis über die Folgen dieser schädigenden Einflüsse, indem sie u. a. das Bild der Verwahrlosung gründlich beschrieb und seine Hintergründe durchleuchtete.

Werden wir endlich daraus die Konsequenzen ziehen, dieses Wissen zum Wohl der Gemeinschaft praktisch anzuwenden?

3. Aggression und Autorität

»All unsere Weisheit besteht in knechtischen Vorurteilen, alle unsere Gebräuche sind nichts als Sklaverei, Druck und Zwang. Der bürgerliche Mensch kommt als Sklave zur Welt, er lebt und stirbt als Sklave. Alles entartet unter den Händen des Menschen. Was haben wir zu tun, um den Menschen zu bilden? Viel ohne Zweifel: verhüten, daß etwas getan werde.« Man sollte meinen, daß diese Worte einem der Schlachtrufe unserer jungen Revolutionäre entstammen — aber das tun sie keineswegs, sie stehen in dem 1792 erschienenen Erziehungsbuch »Emile« von Jean Jacques Rousseau. Sich zu wehren gegen die Druck- und Pfropfpädagogik kinderfeindlicher Erwachsenengenerationen ist keineswegs ein taufrisches Erziehungsmodell. Den Schrei nach antiautoritärer Erziehung kannte bereits das Zeitalter der Aufklärung. Und dem Rezept, in der Erziehung so wenig wie möglich zu tun, lag eine sehr ähnliche Vorstellung zugrunde wie heute, nämlich: daß der Mensch von Natur gut sei und daß man infolgedessen seinen Werdeprozeß weitgehend sich selbst überlassen könnte. Das ist eine Theorie, ein Denkmodell. Ob sie stimmt, läßt sich nur an der Erfahrung verifizieren. Wir fragen uns auch heute noch: Was ist unseren Kindern denn nun wirklich gemäß, was ist ihnen natürlich: ein möglichst unbeeinflußtes Aufwachsen, eine sogenannte laissez-faire-Erziehung oder strenge Zucht und Dressur durch die Hand der Eltern?

Diese Frage zu beantworten ist allenfalls unter der Voraussetzung möglich, daß das Phänomen der Aggression im kindlichen Entfaltungsprozeß eine Klärung erfährt. Ist Aggression allein eine Reaktion als Antwort auf eine Frustration, wie die Behaviouristen so lautstark verkünden? Nur eine sorgfältige, auf Beobachtung beruhende Analyse der Aggression kann in diesen Fragen weiterhelfen.

Jeder von uns kennt aus Erfahrung mit sich selbst die Wut. Wenn man sich an solche Situationen erinnert, lassen sich beschreibende Worte für dieses Fühlen finden. Wir pflegen dann zu sagen: »Da kam es über mich — da kochte es in mir über — die Wut kroch in mir hoch, wallte in mir auf — da mußte ich es ihm geben —« usw. Drei Eigenschaften der Wut lassen sich an solchen Beschreibungen ablesen:

1. Wir erlebten Wut als eine Macht, die uns überkommt, die uns geradezu überrennt. Im Erleben ist Wut also zugleich etwas Ich-Fremdes und etwas, das uns selbst unmittelbar betrifft.

2. Dieses Betroffensein erlebten wir als Erregung, als Hitze, als — manchmal fast unerträgliche — Spannung am eigenen Leibe. Das wird für den Außenstehenden, uns Beobachtenden in körperlichen Veränderungen sichtbar wie Schwitzen, Zittern, Erröten, Adernschwellen und dergleichen.

3. Wut ist gerichtet, gilt einem Menschen, der Tücke des Objekts, der Fliege an der Wand, gilt manchmal sogar

einem selbst. Sie drängt meist in eine Handlung kämpferi-
scher, ja nicht selten zerstörerischer Art.

Solche Handlungen will ich Aggressionshandlungen
oder einfach Aggressionen nennen. Handlungen dieser Art
hängen bereits einerseits weitgehend von einer Bereitschaft, einer Stimmung ab — sie können andererseits, wie
es scheint, von äußeren Situationen und Objekten ausge-
löst werden.

Besinnen wir uns später auf unser Tun, auf unser
Schimpfen, Schlagen, Türendonnern — um nur die alltäg-
lichsten Formen zu nennen (wir alle wissen, daß es sehr
viel gefährlichere, sehr viel zerstörerische Handlungen bei
Menschen gibt) —, so kennen wir abermals drei verschiedene Weisen des Empfindens:

Entweder wir haben ein nachträgliches Empfinden von
Freude über eine zornige Handlung. Von solchen Situa-
tionen sprechen die Menschen meist gern und mit Lust.
Wir sagen dann etwa: »Das hat aber gesessen — das war
ein reinigendes Gewitter — dem hab ich's aber gegeben —
der Knall war schon lange fällig — dem hab ich heimge-
leuchtet — der weiß jetzt, was 'ne Harke ist.« In solchen
Worten kommt der Stolz auf eine als berechtigt erlebte
Verteidigung, als eine gute Vergeltung, als ein mutiges In-
Ordnung-Bringen zum Ausdruck.

Oder aber: Wir schämen uns. Manchmal schämen wir
uns wegen des Unrechts, das wir getan, der Kränkung,
der Verletzung, des Schadens, den wir verursacht haben.
Wir schämen uns aber vor allem auch, weil wir uns selbst
erniedrigt zu haben scheinen. Wir liegen auf dem Boden
wie der Reiter, der die Zügel aus der Hand verloren hat
und der — hilflos im Steigbügel hängend — dem durchge-
henden Pferd (sprich unserer Wut) den Ablauf des Ren-
nens steuerlos überlassen mußte.

Und im Extremfall können wir sogar so sehr über uns

entsetzt, ja geradezu verwirrt sein, daß das Ich abermals die Zügel aus der Hand verliert und einen Kopfsprung ins Meer des Vergessens tut. Letzte Barmherzigkeit bei nicht mehr ertragbarer Not dieser Art heißt Erinnerungsverlust. Nietzsche sagt: »Das habe ich getan, sagt mein Gedächtnis, das kann ich nicht getan haben, sagt mein Stolz, endlich gibt das Gedächtnis nach.« In der Tiefenpsychologie nennt man diese Abwehr Verdrängung.

Unsere Erlebnisse mit der Wut können uns also lehren: So alltäglich Aggressionen auch sein mögen — allemal empfinden wir sie als eine schwer zu bändigende, dämonische Macht, die uns sogar das Steuer entreißen und verheerenden Schaden anrichten kann. Damit werden sie zu einer Gefahr in unserer eigenen Brust, die dem Menschen eine Ohnmacht demonstrieren können, in der ihm mit Recht das Hören und Sehen vergeht. Im Grunde ist es daher auch nicht verwunderlich, daß wir in der abendländischen Geschichte so wenig hinzugelernt haben über das Phänomen der Wut. Aus Angst gab man ihr das Attribut »böse«. Das führte dazu, daß man sie innerhalb seines Einflußbereiches bei seinen Mitmenschen zu unterdrücken und seine eigenen aggressiven Handlungen zu verleugnen suchte.

Solange wir den Zusammenhang aller dieser Phänomene nicht erfassen, können wir ihre Wirkungen nicht beherrschen; mit Verteufelung der Wut und ihrer Folgen ist es nicht getan. Solange wir sie nicht besser verstehen lernen, wird sie immer wieder als Mord und Totschlag, als grausamer Dämon und qualvolle Geißeln unheilvollste Wirkung haben — im Leben des einzelnen ebenso sehr wie im Zusammenleben der Völker.

Wie können wir die Wut und die Aggressionen besser kennen lernen? Wie können wir unterscheiden, wann sie sinnvoll und notwendig, wann sie sinnlos zerstörerisch sind? Wie vor allem können wir sie steuern lernen, ähnlich wie wir mit Hilfe physikalischer Gesetze lernen, einen Strom zu bändigen, daß er uns dient, anstatt durch Überschwemmungen zu schaden?

Zwei Wissenschaften haben uns in jüngster Zeit auf diesem Weg weitergeholfen: Die Lehre von den seelisch bedingten Verhaltensstörungen von Kindern und die Tierverhaltensforschung.

Wenn man — wie ich — im Alltag seelisch kranke Kinder betreut, macht man die Erfahrung, daß nicht nur die mehr oder weniger starken Äußerungen von Aggressionen umweltabhängig sein können, sondern daß die Fähigkeit oder Unfähigkeit, Aggressionen zu steuern, häufig von erzieherischen Maßnahmen im Kleinkindalter abhängen, und zwar so prägnant, daß man Voraussagen machen kann über die Charakterentwicklung solcher Kinder.

Ein Beispiel: Der sechzehnjährige Schüler Andreas wird von den ratlosen Eltern angemeldet. Er habe im letzten Jahr 13 Eintragungen ins Klassenbuch erhalten, und jetzt sei ihm laut Konferenzbeschluß der Ausschluß vom Besuch der Schule angedroht worden. »Wie merkwürdig«, sagen die Eltern, »dabei kommen wir zu Hause ganz gut mit ihm zurecht — er gehorcht aufs Wort. Es muß doch daran liegen, daß die Lehrer ihn ungeschickt anfassen.« Die Leistungen des Jungen waren sehr mäßig — aber nicht, wie eine testpsychologische Untersuchung ergab, wegen geringer Intelligenz des Knaben, im Gegenteil, sie erwies sich als überdurchschnittlich, sondern weil er durch seine mehr oder weniger offenen Aggressionen so sehr in Anspruch genommen war, daß er dem Unterricht nicht aufmerksam genug folgte. Die Klassenaufsätze waren dürftig, weder im Kunstunterricht noch sonst irgendwo zeigte er phantasiereiche eigenschöpferische Einfälle.

Andreas war mir als Kleinkind schon bekannt gewesen.

Ich hatte Schwierigkeiten dieser Art bereits vor zehn Jahren vorausgesehen und einen entsprechenden Eintrag in meiner Kartei gemacht. Im Gegensatz zu heute war er damals außerordentlich einfallsreich. Er war ein glänzender Erzähler von Phantasiegeschichten, malte viel und konnte schon als vierjähriges Kind anhaltend konstruktiv bauen und modellieren. Sein Drang zum Gestalten war so groß, daß er darüber häufig in Konflikt mit den elterlichen Wünschen geriet. Diese hatten wenig Verständnis für Andreas' »Geschmier«, wie die Mutter sagte. Sie versuchte, das Kind zu kleinen Dienstleistungen heranzuziehen und forderte, er möge sein Spiel sofort unterbrechen, wenn sie riefe. Andreas sagte dann häufig einfach »nein« und tat das Gegenteil von dem, was die Eltern forderten. Gehorchte Andreas nicht sofort, bekam er unter heftigem Schelten der Eltern Ohrfeigen. Dennoch reichten diese bald nicht mehr aus. Andreas wurde zunehmend harthöriger, so daß die Eltern sich bemüßigt fühlten, zu immer drastischeren Erziehungsmaßnahmen zu greifen. Andreas bekam kein Essen, wenn er nicht parierte, und wurde bis zum Abend im Dunkeln ins Bett gesteckt, um Gehorsam zu lernen. Stolz zeigte mir der Vater den Stock, der immer griffbereit neben seinem Stuhl im Wohnzimmer hinter der Heizung klemmte. Das wäre ja gelacht, meinte er, wenn sich das Bürschchen nicht erziehen ließe. Und Andreas ließ sich erziehen! Er lernte es, aufs Wort zu parieren, und die Eltern waren stolz auf das Ergebnis. Und dennoch war dieser Erziehungserfolg nur ein scheinbarer. Da ich Gelegenheit hatte, den Erziehungsalltag von Andreas zu beobachten, versuchte ich, die Eltern zu warnen. »Der nicht geschundene Mensch wird nicht erzogen«, erwiderte mir der Vater.

Was für eine Voraussage läßt sich auf Grund einer solchen erzieherischen Einstellung machen? Man muß damit rechnen, daß sich durch die gewalttätige Dressur die Aggressionen in dem Kind keineswegs verflüchtigen, wie es scheint, sondern daß sich unter der Decke der Bravheit Wut und Auflehnung immer mehr anstauen, so daß das Pulverfaß bei geringem Anlaß zu explodieren droht. Bei weniger autoritären Lehrern in der Schule kommt es dann häufig zu einer Kette von aufrührerischen Störversuchen. Ja, häufig sind solche Kinder so durchtränkt von Aggressivität, daß ihre Reizschwelle für aggressive Handlungen am Ende ständig erniedrigt ist. Spätestens in Situationen, in denen solch ein Mensch selbst irgendwelche Macht über andere hat — als Ausbilder, als Lehrherr, als Ehemann, als Vater —, zeigt sich notvoll die Unfähigkeit, Aggressionen zu steuern. Solche Menschen leiden später unter Jähzorn, Tyrannis, Zynismus oder gar Quälsucht. Ja, im Grunde verharren sie häufig in der Art des Verhaltens, das ihnen in der Kindheit aufgezwungen wurde: Ist der Druck von Vorgesetzten sehr stark, verhalten sich diese Menschen weiterhin unterwürfig. Sie dienern und parieren gewissermaßen aufs Wort, selbst dort, wo man es unmittelbar gar nicht von ihnen erwartet. Untergebene und Kinder aber lösen die Entladung gestauter Wut aus. Die Befriedigung, die durch eine solche »Entladung« entsteht, wird dann häufig mit moralischen Scheinbegründungen, wie etwa jenem Ausspruch vom nicht geschundenen Menschen überdeckt, wodurch die schamvolle Einsicht unbewußt bleibt, daß man eigene »Entspannung« durch einen unfairen Machtkampf mit Unterlegenen erreicht hat. Mit Recht bezeichnet man solche Menschen im Volksmund als Radfahrertypen, eben weil sie nach oben buckelen und nach unten treten. Eine leidvolle Schwierigkeit entsteht vor allem dadurch, daß es in solchen Fällen außerordentlich schwer ist, eine realitätsgerechte, auf Beobachtung beruhende Beurteilung der Mitmenschen zu entwickeln. Wie unter einem Zwang wird das Verhaltensmuster des kleinen Kindes gegen die Eltern später auf die Mitmenschen übertragen. Das sieht dann etwa folgendermaßen aus: Bewußt bemüht man sich um die Liebe der anderen. Man versucht, dienstbereit, freundlich, mitmenschlich zu sein. Tief im Unbewußten aber ist man voller Mißtrauen, voller Angst, fühlt sich unterdrückt und lebt in der gespannten Vorstellung, verteidigungsbereit sein zu müssen. Die eingeprägte, negativ gefärbte Vorstellung vom Menschen bewirkt eine unrealistische, starre schemahafte Verhaltensweise zu den anderen. Man fühlt sich unterdrückt, wo man alle Freiheit hat, man fühlt sich angegriffen und verletzt, ohne daß das wirklich der Fall ist. Der Jähzorn, die Wutanfälle, die Bewegungsstürme, die Racheaktionen aus dem Gefühl des Beleidigtseins wirken bei solchen Menschen deshalb befremdlich, weil sie nicht dem realen Anlaß angemessen sind. Die Beteiligten können nicht sehen, daß hier mit primitiven Mitteln und angstvollen Durchbrüchen eine Befreiung gesucht wird, die vor vielen Jahren — im Kinderzimmer — unterbunden wurde.

Kinder wie Andreas machen daher in ihrem Leben weiterhin immer die gleiche Erfahrung: daß die Menschen Unterdrücker sind. Kommen die Benachrichtigungen aus der Schule, wird man abermals gescholten, geschlagen, bestraft — und das Leben straft mit: Man fliegt von einer Schule an die andere, von einer Lehrstelle in die andere, von einer gescheiterten Ehe wechselt man in die zweite, die wieder scheitert. Man erlebt immer das gleiche Dilemma: Die Menschen sind lieblose und gefährliche Unterdrücker. Freilich lernen viele Menschen durch diese leidvollen Erfahrungen, daß sie sich durch ihre, wie sie meinen, berechtigten verteidigenden Angriffe schließlich nur selbst schaden. Sie setzen alles daran, die in ihnen immerzu aufwallende Wut nicht zum Durchbruch kommen zu lassen. Wir sagen dann im Volksmund: »Er frißt alles in sich hinein, er schluckt alles hinunter«. Aber unterschätzen wir nicht: die Anstrengung einer solchen Selbstunterdrückung, die Bewältigung der körperlichen Funktionsveränderung, die durch Wut entsteht, ist ungeheuer groß. Dieser Vorgang gleicht einer Selbstfesselung mit unzerreißbaren Tauen. Aber solche Fesselung hat häufig ähnliche Folgen, wie bei Ratten, die man durch Umwickeln aktionsunfähig macht. Die Tiere haben regelmäßig bereits 24 Stunden später Magengeschwüre! Menschen, die ihre Verteidigungsimpulse gegen vermeintliche oder reale Unterdrücker selbst weitgehend unterdrücken, leiden daher häufig chronisch an funktionellen Erkrankungen.

Eins ist also sicher: Sehr viel Kraft wird für die Unterdrückung innen und außen benötigt, sehr viel Zeit geht in den Kämpfen mit der Umwelt, der Behandlung solcher Krankheiten verloren; Kraft, die genutzt werden könnte und sollte für die Ausbildung und Übung oft großer Begabungen, Kraft, die wir brauchen für fruchtbarere und höhere Lebensaufgaben. Auch dem sechzehnjährigen Andreas war seine wundervolle schöpferische Gestaltungsfähigkeit unter diesem Kraftaufwand an fragwürdiger Stelle — nämlich beim Störenmüssen in der Schule — vollständig abhanden gekommen. Die Entfaltung seiner selbst, seiner besonderen Gaben und Fähigkeiten war nicht vorangeschritten, weil der Kampf mit dem Willen der Eltern ihn festgehalten hatte, nicht mehr losließ, um in der Freiheit einer aufbauenden, konstruktiven Gestaltung seiner selbst vorzustoßen. Das Kinderschicksal Andreas' lehrt uns also:

1. Dressur von Kleinkindern mit Hilfe vorwiegend aggressiv-gewalttätiger Erziehungspraktiken führt zu einer Vermehrung und Stauung von Aggressionsbereitschaft bei solchen Zöglingen.

2. Die dauernde Erhöhung der Aggressionsbereitschaft kann zu einer Charakterentwicklung führen, die den Menschen prägt, indem seine Aggressivität *ihn* beherrscht und zu einer Kette von Konflikten mit den Mitmenschen führt, oder indem der Kampf gegen die eigene Aggressivität den Menschen körperlich leidend macht.

3. So ein Mißverhältnis im Haushalt der Seele bewirkt nicht nur einen aufwendigen Kraftverschleiß, sondern bedeutet gleichzeitig immer teilweise eine Einschränkung des Verhaltensspielraums, der Entscheidungsfreiheit und der Entfaltungsmöglichkeiten des Menschen, denn sie bannt

4. den Menschen teilweise auf der Entwicklungsstufe fest, in der der Schaden entstand.

Nun, was ich Ihnen hier erzähle, ist nicht ganz neu. Die nachteiligen Folgen einer solchen Aggressionsaufladung im Kindesalter wurden von Fachleuten bereits vor einem halben Jahrhundert gesehen und beschrieben. Die Konsequenz, die sich aus so einer Erkenntnis ergibt, ist klar. Sie müßte lauten: Eltern, vermeidet es, durch gewalttätige und einschränkende Erziehungsmethoden Eure Kinder so zu dressieren, daß Aggressivität künstlich produziert und aufgeheizt wird!

Und in der Tat, diese Vorstellung setzt sich heute mehr und mehr bei uns durch. Aber im allgemeinen erleben die Erzieher nun eine unerwartete Überraschung: Die Kinder zeigen sich unter dieser »weichen Welle« in der Erziehung keineswegs lammfromm und brav, im Gegenteil: heftiger denn je toben die Rivalitätskämpfe mit den Geschwistern, deutlich erkennbar und häufig anhaltend entsteht im Kleinkindalter Trotz gegen die Erzieher. Diese Kinder werden häufig früh behandlungsbedürftig, weil sie unbeherrschbar aggressiv werden. Einigen Eltern wächst die Erziehung einfach über den Kopf. Sie geben zu: »Die Zerstörungen durch die Kinder waren zu groß geworden.«

Solche Erfahrungen führen in eine neue Unsicherheit über die Richtigkeit der Methode. Es erscheint dringlich und notwendig, das Wirkungsgefüge der Aggression und seine Bedeutung für das Leben aufzuklären. Ist »das Trachten des menschlichen Herzens nicht böse von Jugend auf«, wie es das Alte Testament aussagt? Hat der Mensch nicht vielleicht doch in sich einen Drang zur Vernichtung seiner Mitmenschen, um sich allein schrankenlose Macht anzueignen? Und müssen wir diesen Teufel dann nicht doch mit »heiligem Zorn« schon in der Kinderstube austreiben?

In diese Ratlosigkeit fiel die Theorie des berühmten Verhaltensforschers Konrad Lorenz über das »sogenannte« Böse, über den Aggressionstrieb. Lorenz kann nachweisen, daß es auch bei vielen Tieren Aggressionen gegen Artgenossen gibt und daß diesen eine Leben erhaltende Funktion zukommt. Sie dienen der Verteidigung eines Reviers und führen auf diese Weise zu einer gleichmäßigen Verteilung der Artgenossen über den Lebensraum, in dem sie zu Hause sind. Und da es als gesichert gilt, daß der Mensch allmählich aus tierischen Ahnen hervorgegangen ist, nimmt Konrad Lorenz an, daß auch bei den Menschen Reste solcher Verteidigungsbereitschaft noch vorhanden sind — Überbleibsel aus einer tierischen Vergangenheit, die ihm gefährlich werden können. Denn da Revierverteidigung in unserer reglementierten Welt meist schädlich ist, fehle den Aggressionen beim Menschen die arterhaltende Funktion. Dennoch sei aber die *Bereitschaft* zu Aggressionshandlungen vorhanden und dränge, sich aufstauend, immer mehr in Handlungen aggressiver Art. Deshalb schlägt Lorenz vor, man möge so viel wie möglich dafür sorgen, daß diese überflüssige Energie durch Sport, Wettkämpfe und dergleichen abgeführt würde, um zu vermeiden, daß sie sich schließlich in Kriegen austobe.

Daß der Mensch einen mehr oder weniger starken Aggressionstrieb habe — eine Theorie, mit der Psychoanalytiker seit einem halben Jahrhundert in der Praxis arbeiten —, rückte damit in den Brennpunkt neuer Diskussionen. Ein *Trieb* ist weder gut noch böse — man muß wissen, wozu er da ist und in welchem Wirkungszusammenhang er steht. Dann kann man hoffen, ihn zu beherrschen und fruchtbringend in sein Leben einzubauen.

Daß hier bei Menschen und Tieren in bezug auf die Aggressionsbereitschaft in der Tat ähnliche Gesetze herrschen, läßt sich aus der Zookunde und aus den Verhaltensstörungen bei Kindern sichtbar ablesen. Bei Kindern wie Andreas, deren Aggressionsbereitschaft gestaut wurde, bilden sich schon nach einer mehr oder weniger kurzen Dauer drosselnder Erziehungsmaßnahmen Ersatzventile, die anscheinend einen Teil der gestauten Wut zu entlasten vermögen. Es kommt dann allmählich schließlich zu selbstzerstörerischen Handlungen am *eigenen* Körper. Am häufigsten dienen dazu bei Kindern heute die Fingernägel, die Fußnägel, die immer wieder abgebissen werden. Aber auch das Reißen und Beißen an den Nagelhäuten, den Wangenhäuten, das Zerkratzen der Haut und das Ausreißen der Haare kommt vor. Solche von den ursprünglichen Gegnern fort gegen sich selbst oder gegen ein Ersatzobjekt gerichteten Aggressionen kennt jeder Tierdresseur. Das Beschädigen von Objekten in den Käfigen, übersteigerte Manipulationen am eigenen Körper, Kratzen, vermehrtes Lecken, ja sogar Fellzerbeißen und -zerreißen ist in den letzten Jahrzehnten in einer Fülle von Arbeiten aus dem Bereich der Verhaltensforschung beschrieben worden.

Wenn den Aggressionshandlungen beim Menschen ebenfalls ein Trieb zugrunde liegt, so wird man erwarten, daß der Mensch früher oder später nach Aggressionsobjekten zu suchen beginnt und — findet er sie nicht — die vorhandene Bereitschaft an irgendwelchen Ersatzobjekten abreagiert. Daß Kleinkinder, die man grundsätzlich nicht einschränkt, *auch* aggressiv werden, ja, daß sich ihre Aggressionen bis ins Unerträgliche steigern, spricht sehr für dieses Triebmodell der Psychoanalytiker und Verhaltensforscher. Diese Vorstellung wird noch erhärtet und vertieft durch eine dritte Beobachtung an seelisch kranken Menschen.

Es gibt Jugendliche und Erwachsene, die in psychotherapeutische Behandlung kommen, weil sie bei großer Leistungsbemühtheit, Korrektheit, ja pedantischer Genauigkeit unter einer zunehmenden Not leiden: Sie kommen vor lauter Skrupeln, Zweifeln und Ängsten nicht mehr zu einer spontanen Arbeits- und Produktionsfähigkeit. Einerseits bequem, andererseits übergewissenhaft, fehlt ihnen der Schwung, die Unbekümmertheit, der Mut zum Fehler, zur Unvollkommenheit, zum Wagnis. Fragt man die Mütter dieser Menschen nach dem Verlauf ihrer Kindheit, so ergibt sich mit großer Regelmäßigkeit, daß sie sehr brave Kleinkinder waren. In den seltensten Fällen können sich die Mütter an Widerworte, Auflehnung oder Trotzphasen ihrer Kinder erinnern. Und interessanterweise haben Menschen, die eine solche Charakterentwicklung zeigen, meist Mütter, die sich in ihrem erzieherischen Verhalten ähneln. Es sind die sogenannten überbehütenden Mütter. Sie sind nicht nur ungewöhnlich besorgt um ihre Kinder, sie sind in ihrer Erziehung auch ungewöhnlich geschickt. Sie räumen ihren Kindern nicht nur die Steine, sie räumen ihnen auch den Anlaß zu Unmut, Ärger und Wut mit gekonnter Überlegenheit und mit Einfallsreichtum aus dem Weg. Für die Kinder solcher Mütter ist selbst das Zubettgehen, das alle Kinder auf der Welt verabscheuen, ein Fest. Denn schon wieder winkt im Bett etwas Anziehend-Erfreuliches: ein zum Geheimnis gemachtes Betthupferl, eine schöne Geschichte, ein lustiges Spielchen usw. Die Intelligenz der Kinder solcher Mütter entfaltet sich oft erstaunlich rasch und nicht selten zu hohen Graden — und dennoch können solche Wunderkinder unglückliche Erwachsene werden, einmal weil ihnen später der Antrieb zur eigenschöpferischen Arbeit fehlt und zum anderen, weil sie die Bindung an diese Mutter — oft selbst nach deren Tode — nicht lösen können.

Dazu ein Beispiel: Ein zwanzigjähriger Schüler einer Wirtschaftsoberschule wird von den verzweifelten Eltern vorgestellt. Sie berichten von einer Arbeitshemmung ihres Sohnes, die ihn bereits auf mehreren Schulen scheitern ließ. Günter sei zuerst ein glänzender Schüler gewesen, dem alles mühelos von der Hand gegangen sei. Aber je mehr eigenständige Leistungen verlangt worden seien, um so mehr habe er versagt. Der deutsche Aufsatz sei eine Katastrophe, obgleich der Junge als Kind viel Phantasie gehabt habe. Jetzt gebe er häufig zum Entsetzen seiner Lehrer leere Blätter ab, vor lauter Überkritik gelinge ihm kaum der erste Satz. Andererseits habe der Junge Schwierigkeiten im Umgang mit den Kameraden. Er sei ein Einzelgänger, denn wo er hinkomme, würde er abgelehnt. Er gelte als arrogant und rechthaberisch, lasse keine andere Meinung als seine eigene gelten und beiße die anderen mit Ironie, Spott und kränkenden Äußerungen von sich fort. Außerdem fahre er viel zu schnell Auto. Es sei so, als könne er einen Vordermann nicht ertragen, als müsse er ihm mit aggressivem Überholen beweisen, daß er der erste sei.

Was wußte die Mutter des Jungen über seine Kindheit zu sagen? Er war der älteste Sohn eines kaufmännischen Angestellten, eines stillen Mannes, der seines Berufes wegen wenig zu Hause sein konnte. Seine Mutter war Kindergärtnerin gewesen. Sie sei sehr kinderlieb und habe sich auf ihre eigenen Kinder gefreut. Sie habe sich ihnen vollständig und ausschließlich gewidmet und die Erziehung habe praktisch allein in ihrer Hand gelegen. Günter habe ihr zunächst viel Sorge bereitet, da er ein so zartes, anfälliges Bürschchen gewesen sei. Es sei ihr aber nicht schwer gefallen, das Kind von früh auf mit viel Schönem zu entschädigen, wenn er nicht habe mittollen können wie die Gleichaltrigen. Im Schulalter hätte sich dann gezeigt, daß er dem Durchschnitt der Klasse von Anfang an geistig weit überlegen war. Sie könne sich nicht erinnern, daß das Kind anhaltend ungezogen gewesen sei. Es habe sich immer leicht ablenken lassen. Daher könne sie es auch gar nicht verstehen, daß er jetzt als Erwachsener seiner Umwelt als so aggressiv erscheine. Freundinnen habe der Junge kaum. Vor einiger Zeit sei er wohl eine Weile verliebt gewesen; da habe er sich ein Bild von ihr als junges Mädchen herausgesucht und gefragt: »Nicht wahr, sie sieht dir ähnlich?« Aber diese Beziehung habe er bald wieder gelöst. »Die können doch nicht mit mir mit, Mutter«, habe er den Vorfall kommentiert.

Unsere Erfahrung über das Lebensschicksal von Menschen, die solchen extremen Erziehungsmethoden ihrer Eltern ausgesetzt waren, die Tatsache, daß Kinder, deren Aggressionen nicht mit Gewalt unterdrückt, sondern mit Geschick und »überwärmenden« Methoden am Erscheinen gehindert wurden, als Erwachsene *ebenfalls* unangenehm aggressiv werden können, ja, daß selbst das uneingeschränkte Herauslassen von Aggressionen die Kinder im Kleinkindalter zunehmend aggressiver macht, bestätigt zunächst die Annahme, daß Aggression ein Trieb sei. Ein solcher Trieb, so meinen die Verhaltensforscher, dränge in eine Triebhandlung, benötige ein Triebobjekt, um in der sogenannten Endhandlung das Triebziel zu erreichen. Es leuchtet ohne weiteres ein, daß ein Kind, das so ein Triebobjekt für seine Aggressionen nicht findet, (da ihm alles erlaubt ist), zunehmend aggressiver werden sollte, weil es die Endhandlung nicht erreicht, der Trieb sich nicht entlädt, sondern verstärkt.

Dennoch bleiben bei diesen Überlegungen noch Fragen ungeklärt: Ist dieser Aggressionstrieb nun lediglich ein Überbleibsel der Stammesgeschichte des Menschengeschlechtes, in der Revierverteidigung einmal lebenswichtig war? Oder hat der Aggressionstrieb auch jetzt für den Menschen eine nützliche Funktion? Interessanterweise kann uns in diesen Fragen abermals die Tierverhaltensforschung einen Wink geben. Die Bereitschaft zur Aggression scheint weit mehr zu sein als ein lästiger Rest von den Tierahnen, dessen Wirkung man entschärfen sollte, wie Konrad Lorenz meint. Vielmehr sind Verbote und trotziger Ungehorsam durch Gebotsübertretungen bei Kindern anscheinend nötig, damit das Kind den Mut findet, seine eigenen Kräfte zu mobilisieren, um schließlich geistig und seelisch selbständig zu werden. Revierverteidigung bei Tieren, wie Konrad Lorenz sie entdeckt hat, scheint nur *eine* von mehreren möglichen Funktionen der Aggressionsbereitschaft zu sein. Eine andere, die Funktion der Befreiung, wird sichtbar, wenn man sich in der Kinderstube unserer Vettern, der Affen, umsieht. Das Rhesusaffenbaby hat, wie Harlow beobachtete, zunächst eine Phase, in der es lange unmittelbar im Kontakt zu seiner Mutter steht. An ihrem Fell festgeklammert, wird es ausschließlich von ihr umsorgt, getränkt und gepflegt. Daran schließt sich eine sogenannte Ambivalenzphase an. In dieser Zeit macht das Affenkind schon erobernde Probierversuche im Umkreis seiner Mutter. Diese schlägt jetzt gewissermaßen einen strengeren Ton an. Das Affenkind wird vor Gefahren beschützt. Es entstehen Verbote, und die Affenmächtigen strafen, wenn diese Verbote übertreten werden. Die Mutter schränkt ihre Zuwendung ein, gibt sie dem Affenkind keineswegs mehr mit der gleichen Rückhaltlosigkeit wie während der ersten Zeit totaler Hilflosigkeit. Es geschieht hier anscheinend Ähnliches, wie das, was wir »phasenspezifische Erziehung« nennen, das heißt, eine unterschiedliche erzieherische Praktik, die an das angepaßt erscheint, was dem Kind in der entsprechenden Reifestufe angemessen und notwendig ist. Es scheint, daß die Affenmutter in der Lage ist, sich den Entwicklungsschritten des Kindes anzupassen mit einem Effekt, der in der dann folgenden Trennungsphase deutlich erkennbar wird: nämlich der Unabhängigkeit des jungen Tieres von seiner Mutter, an die es einst, weil es hilflos geboren wurde, für längere Zeit intensiv gebunden werden mußte. Bei allen jenen Geschöpfen, bei denen eine enge Bindung an die Pflegerin primär notwendig war, haben Aggressionen vermutlich die Funktion, die Ablösung von der Mutter zu erleichtern, so daß das Gleichgewicht zwischen Anpassung und Selbständigkeit sich einpendeln und später gewahrt bleiben kann.

Diese Beobachtungen an Kindern und Tieren sind geeignet, uns Aufschluß zu geben über die Funktion der Aggressionsbereitschaft im Entfaltungsprozeß des Menschen. Sie drängt ja zu einer Handlung, die verändert, durch die ein Objekt abgewiesen, abgestoßen, angegriffen, ausgeschaltet oder beseitigt wird. Diese Intention scheint der notwendige Gegenpol zu sein zu Impulsen des Einsaugens, Heranziehens, des Bindens und Festhaltens. Die Dynamik eines seelischen Werdeprozesses scheint durch dieses Prinzip von These und Antithese, von Systole und Diastole in Gang gehalten zu werden. Denn wir Therapeuten machen ja die traurige Erfahrung: Fehlt in der Säuglingszeit die Bindungsphase zwischen Mutter und Kind, so bleibt es teilweise auf der Säuglingsstufe stehen, indem es später suchtartig, mit falschen Mitteln und unter gesteigerter Bedürfnisspannung nach solcher Bindung, Liebe und Geborgenheit sucht. Fehlt aber in der darauf folgenden Ablösungsphase von der Mutter, die wir das erste Trotzalter nennen, die Möglichkeit zum Trotz, so bleibt der Mensch ebenfalls teilweise ein Kind, ein ein- bis zweijähriges Bürschchen, festgebannt in das — ebenfalls übersteigerte — Bemühen, sich loszureißen vom Band an die Mutter.

Aggression ist also von Haus aus nicht Böses, im Gegenteil: Wenn der Mensch nicht aus dem Paradies ausgetrieben wird, lernt er es nicht, an dem Aufbau seines eigenen Lebens mit eigener Kraft zu arbeiten. Denn Not macht erfinderisch, in der Not der Verlassenheit, die freilich die Erfahrung einst sorgloser Geborgenheit voraussetzt, läßt er sich etwas einfallen, um aus seinem elenden Zustand herauszukommen. Wie zu keiner anderen Zeit können wir das heute im technischen Wirtschaftswunderschlaraffenland über die Natur des Menschen lernen: Verwöhnung macht den Menschen lahm und träge, darüber hinaus aber leider auch unglücklich. Um weiter zu kommen, muß bereits das Kind aus der Geborgenheit des Paradieses, seiner Ureinheit mit der Mutter, ausgetrieben werden. Im Abstoßen des Alten liegt die Voraussetzung dafür, *neue* Eroberungsschritte zu vollziehen, die eigenen Kräfte zu mobilisieren, um höhere Entwicklungsstufen zu erklimmen.

Danach gehören die Aggressionen, die wir mit so viel Angst und Mißtrauen umgeben, zu den Grundpfeilern unserer Existenz, ja, zwischen Bindung und Aggression schwingt die Brücke unseres Lebensganges; denn in Nur-Behütung versumpft, erstickt der Mensch, in Nur-Aggressionen zerstört er andere und zuletzt sich selbst.

Daß der Mensch an seinem Lebensanfang Gelegenheit bekommt, diese beiden Brückenpfeiler auszubauen, ist die Voraussetzung dafür, daß sein Leben gelingen kann, daß er entwicklungsfähig bleibt, so daß er Entwicklungsstufen erreicht, die ihn über seine Tierahnen weit hinausreichen lassen, Entwicklungsstufen, in denen *Entscheidungsfreiheit* möglich wird. Wir wissen heute, daß der eine Pfeiler, die Fähigkeit zum Lieben, zur Anpassung nur entstehen kann, wenn der Mensch als Säugling *eine* Pflegerin hat, an die er sich binden kann, die ihm das Erlebnis der sich rückhaltlos opfernden Liebe schenkt. Den zweiten Brückenpfeiler kann der Mensch nur aufbauen, wenn er im Kleinkindalter Gelegenheit hatte, sich gegen das Nein seiner Erzieher aufzulehnen, um den Mut zu finden, Hut und Stock zu nehmen und sich seinen eigenen Weg zu suchen.

Auf seinem Lebensgang warten viele verschiedene Prüfungen, zu denen er das Rüstzeug seiner ersten Kindheit, die Fähigkeiten zu Anpassung und Selbstverteidigung, dringend braucht. Anpassung, das heißt die Fähigkeit, seine eigenen Interessen zurückzustellen zugunsten der anderen, braucht das Kind bereits spätestens, wenn es in die Schule kommt. Und es kann sich nur dann im guten Sinne anpassen, wenn es bei der Mutter hat lernen können, daß man aus Zuwendungsgefühlen, aus Liebe, einen Wunsch aufschieben, ja sogar auf etwas verzichten kann. Der Gefahr aber, ein Duckmäuser, ein Mitläufer, ein Prügelknabe zu werden, entgeht ein so sich anpassendes Kind erst, wenn es im Trotzalter gelernt hat, seine Unantastbarkeit, den Abstand um sich herum zu verteidigen. Dieses Grundmuster wiederholt sich noch viele Male innerhalb des Entwicklungsprozesses an immer anderen und höheren Zielen. Ja, oft wechseln Phasen, in denen ablösende Aufgaben im Vordergrund stehen, deutlich ab mit solchen, die im Zeichen neuer Bindungen stehen. So kommt es in der Ablösungsphase der Pubertät, in der es entwicklungs-psychologisch notwendig zu Aggressionen gegen die Eltern kommen *muß*, meist in der darauf folgenden sogenannten Adoleszenz zu starken Impulsen nach tieferen zwischen-menschlichen Bindungen und bewußter Verantwortung für die Gemeinschaft — ein erster Erahnen des Gehorsams, *überpersönlichen* Zielen zu dienen.

Es scheint sicher, daß der Mensch gerade mit Hilfe die-ses primär höchst biologischen Lebensprinzips zunehmend hinauswachsen kann aus dem Gefesseltsein an die primä-ren Inhalte seiner Triebmechanismen. Seine aggressiven Kräfte können zunehmend mehr ihren zerstörerischen An-teil verlieren und darauf gerichtet sein, unter Hintanlas-sung des Alten Neues zu gestalten. Daß die Steigerung der schöpferischen Gestaltungsfähigkeit zu den edelsten Ent-wicklungsformen gesunder Aggressionsentfaltung gehört, ist gerade daran deutlich ablesbar, daß mit einer *Hem-mung* der Aggressionsfähigkeit durch einseitige Erzie-hungsmethoden immer auch die Entfaltung eigenständi-gen Schöpfertums *unter*bunden wird. Gerade an *dieser* Gegebenheit läßt sich ablesen, daß Formen von Aggres-sion, die zu schrankenloser Zerstörungslust und -wut über-steigert sind, *krankhafte,* verstümmelte Entartung eines natürlichen Triebes darstellen. Wenn der Mensch hinge-gen in die Lage versetzt wird, sich gesund zu entfalten, kann sein Aggressionspotential ein hoher Wert sein in sei-nem Leben, nämlich die Voraussetzung zu konstruktiver Neugestaltung.

Auf solchen höchsten Entwicklungsstufen scheint der Mensch sogar dazu fähig werden zu können, auf Selbst-verteidigung und Befreiung zu verzichten — nicht weil er Angst hat, nicht weil er aggressionsgehemmt ist, nicht al-so weil er die Aggressionsbereitschaft als das »Böse« fürch-tet und sie deshalb unterdrückt, sondern weil er so frei geworden ist, daß er teilnehmen kann an dem höchsten Sinn unseres Lebens: die *Liebe zu mehren.* Ja, an der Schwelle des Todes gelingt es reifen Menschen anscheinend, die Verteidigung des Lebens selbst bejahend abzustoßen, um frei von aller Natur eingesogen zu werden in die Ewigkeit Gottes.

Bereitschaft zur Aggression zeigt sich also bei Menschen und Tieren in verschiedenen Bereichen:

1. Sie äußert sich in Handlungen des Verteidigens eines Wohnbereiches, von Familien- und Gruppenmitgliedern, oder der eigenen Existenz.

2. Sie zeigt sich im Entfaltungsprozeß höherer Lebewesen, die hilflos geboren wurden und an eine Pflegerin während dieser Zeit gebunden waren, als Impuls zur Lösung, zur Befreiung aus einer unselbständigen Behütungssituation.

3. Sie zeigt sich auf der Seite der Pflegenden als eine Abwehr gegen eine Überbeanspruchung und Tyrannis des schon flüggen Zöglings.

4. Sie zeigt sich — gestaut und krankhaft verborgen — als zerstörungswütige Haltung, die unrealistisch an allem und jedem dumpf zwanghaft Rache nehmen muß, um sich von einer Welt, die als feindselig empfunden wird, zu befreien.

In all diesen verschiedenen Bereichen, ja selbst noch in den zuletzt genannten krankhaften Übersteigerungen, wird die eigentliche Funktion der Aggression sehr deutlich sichtbar: Immer handelt es sich darum, daß mit Hilfe abstoßender Handlungen ein Abstand geschaffen wird, jener Abstand, der um so größer ist, je mehr das entsprechende Lebewesen auf »Eigengröße«, aus individuelle Entfaltung angelegt ist. Aggression ist die Voraussetzung zu Individuation, schafft den Entfaltungsspielraum, ohne den originelle Eigenentfaltung unmöglich ist.

Manche Leser werden sich jetzt vielleicht fragen: Wenn unser Lebensanfang, unsere Kindheit ein *so* entscheidendes Fundament darstellt für die gesunde Entfaltung der Seele und des Geistes, *wie* machen wir es dann richtig? Wir haben gehört: Die Dressur mit Hilfe häufiger Prügel ist gefährlich, weil wir dadurch Radfahrer, Sadisten und Tyrannen, aber keineswegs Demokraten, keine selbständig denkenden Bürger heranziehen können. Überwärmende und auf diese Weise die Aggressionsbereitschaft unterdrückende Erziehung kann den Menschen initiativelos, unschöpferisch und dennoch versteckt aggressiv werden lassen. Und Erziehung ohne alle Einschränkungen gar läßt Aggressionsbereitschaft geradezu wuchern. Wie denn aber finden wir den Weg zwischen Skylla und Charybdis?

Ich glaube, antworten zu können: indem wir verstehen, daß Aggressionen bei Kindern nicht böse, sondern den Kindern dienlich sind. Ist diese Erkenntnis in unserem Bewußtsein, so können wir über unsere Angst, das Kind zu verlieren, hinauswachsen. Wir können auf diese Weise leichter Aggressionen von Kindern ertragen, ohne selbst in eine überflutende und im Grunde doch nur instinktiv auf Selbstverteidigung sinnende Wut zu geraten. Wir können andererseits mit Festigkeit Verbote setzen, Grenzen abstecken, und wir dürfen gesteuert und dem Kind angemessen mit Aggressionen antworten, wenn es — was notwendigerweise geschehen *muß* — diese Grenzen übertritt. Wir können uns solches erzieherische Tun erlauben, wenn wir uns die Selbständigkeit, die Ablösung des Kindes vom Erzieher mit ihm gemeinsam zum Ziel setzen.

Aggressionen in der Erziehung werden erst da böse, wo sie auf Unterwerfung des Kindes unter die Macht des Erwachsenen gerichtet sind, wo sie ausschließlich und im Unmaß praktiziert werden, ganz zu schweigen von den Fällen, wo sie dem Kind körperlichen Schaden zufügen. Hat aber ein Kind genug Möglichkeiten, seine Kräfte zu erproben, seine nähere Umwelt zu erobern, ohne daß wir es auf Schritt und Tritt behindern, so schadet es dem Kind nicht, nein, es ist sogar notwendig, von ihm zu fordern, bestimmte, eindeutig feste Regeln einzuhalten.

Nicht nur bei »Messer, Gabel, Schere, Licht«, nicht nur im Straßenverkehr ist das energische »Nein« der Erziehenden unumgänglich für das kleine Kind — es sollte bereits im zweiten Lebensjahr viele weitere »Tabus« kennenlernen, deren Einhaltung die Erziehenden kompromißlos fordern; zum Beispiel das Respektieren der Bücher im Schrank, der Vasen auf dem Sims, das heißt also der Ordnung im Wohnzimmer, des Ruhebedürfnisses der Hausbewohner in der Mittagsstunde, fester Zeiten und Spielregeln bei Tisch, der Ruhe nach dem Gute-Nacht-Sagen — um nur einige strittige Punkte zu nennen. Diese Forderungen, die wirkungsvoll besonders vom Vater unterstrichen werden können, sind um so leichter durchhaltbar, je mehr Zuwendung das Kind während seines Tages, je mehr Einübung seines Selbständigkeitsstrebens es im eigenen Bereich des Kinderzimmers in ungegängelte Eigenaktivität hat erfahren können. Auch wenn es bei den oben beschriebenen Forderungen heftig protestiert und lange schreit, sich trotzend auf den Boden wirft oder die Erwachsenen angreift, sollten unnachgiebig die »Spielregeln« eingehalten werden. Solcher Widerpart der Erwachsenen gegen den Willen des Kindes, vor allem des Kleinkindes, kann dessen Trotz häufig in einer lästigen Weise steigern. Dennoch ist das konsequente Verhalten wichtig und richtig für das Kind — aus dreierlei Gründen.

1. Bereits das Kleinkind muß die Erfahrung machen, daß dafür gesorgt ist, daß »die Bäume nicht in den Himmel wachsen«. Es muß lernen, daß in einer Gemeinschaft nicht die eigenen Wünsche allein maßgeblich sind, sondern

daß es Verbote gibt und daß das Leben unangenehm wird, wenn man sie nicht beachtet.

2. Das Setzen von Grenzen erhöht das Sicherheitsgefühl des Kindes. Es erfährt sich als beschützt, um so mehr, als der Vater des Kindes in diesem Alter die Wahrung der Grenzen betont. Ein starker Vater, der nicht weichlich sein »Nein« in ein »Ja« verwandelt, nur damit aus Bequemlichkeit die Ruhe rasch wieder hergestellt wird, gibt dem noch schwachen Kind auch das ihm notwendige Gefühl, gegen reale und imaginäre Gefahren beschützt zu sein.

3. Die Krankengeschichten seelisch gestörter Erwachsener haben nachweisen können, daß eine Kinderstube, in der es keinen Trotz der Kinder, keinen Widerpart der Erwachsenen gibt, keineswegs die ideale ist. Solche Kinder schaffen es häufig nicht, sich je von der Mutter loszumachen. Als Erwachsene sind sie dann häufig versteckt aggressiv, andererseits aber ohne ausreichende Initiative, vor allem nicht in schöpferischen Bereichen, selbst wenn sie als Kleinkinder dazu manchen Ansatz zeigten. Eltern sollten es in Ruhe ertragen lernen, von ihren Kindern nicht nur als die Lieben, sondern gelegentlich auch als die Bösen, Unnachgiebigen erlebt zu werden. Solche Mißstimmungen fördern die Selbständigkeitsstrebungen der Kinder, sie erleichtern mit Hilfe des prometheischen Trotzes dem Kind seinen Aufbruch aus dem »Paradies«.

Wir sehen: Viel Revolutionäres, viel befreiend Richtiges und noch heute Gültiges hat Rousseau bereits 1792 gewußt — anderes, was er innerhalb der Erziehung des Menschen für »natürlich« hält, hat sich hingegen inzwischen als unnatürlich erwiesen, vor allem dort, wo er Passivität in der Erziehung, Nichtbeachtung der Kinder und ein allgemeines laissez-faire-Prinzip empfiehlt.

Dieses Prinzip hat wohl auch kaum auf genauen Beobachtungen beruhen können — Rousseau selbst hatte ja seine fünf eigenen Kinder im Findelhaus abgegeben, ohne sich je wieder um sie zu kümmern. Dieses Prinzip ist erdacht aus Protest gegen die genußsüchtige, gedankenlose Bourgeoisie des vorrevolutionären Frankreichs, genauso wie das Prinzip der antiautoritären Kindergärten unserer APO-Studenten erdachte und angewandte Gesellschaftskritik ist. Mit Wissen um die Natur des Kindes, mit Erziehungskunde im wahrsten Sinne des Wortes haben diese Versuche wenig zu tun.

Nur Eltern, die es wagen, ihren kleinen Kindern mit fester Hand einen beschützenden Raum zu bieten, in dem es Licht- und Schattenseiten gibt, nur solche Eltern dürfen es in der Pubertätszeit ihrer Kinder erleben, daß diese ein Freigelassenwerden ertragen, ohne in einer Weise über die Stränge zu schlagen, die sie selbst und die Gemeinschaft schädigt.

In Freiheit verantwortlich zu handeln lernt nur ein Mensch, der als Kind an seinen Eltern hat erfahren dürfen, daß sie sich dafür verantwortlich fühlten, ihn zu erziehen.

Wir können also feststellen: Aggression dient der Förderung des Lebens, ja der Höherentwicklung. Sie gleicht Cherubim, jenem Engel mit dem Schwert, der die Menschen aus dem Paradies austreibt und das Tor hütet, weil es keinen Weg zurück geben darf. Denn nur durch Dornen und Disteln hindurch richtet sich der Blick des Menschen nach *vorwärts*. Teuflisch wird Aggression erst, wenn sie sich aus dem Zusammenhang löst, wenn sie, gestaut und krankhaft verbogen, Vergeltung und Rache durch Vernichtung und Alleinherrschaft anstrebt.

Begreift man diese Zusammenhänge, so wird klar, daß solche »böse« Aggressivität eine ansteckende Krankheit sein kann, die sich in der Welt fortsetzen muß, solange blinde Wut sich als Folge von Stauungen und Furcht immer neu entlädt. Die »böse« Tat muß fortzeugend Böses nur gebären, die Sünden der Väter dauern in der Tat fort bis ins dritte und vierte Glied. Und dennoch läßt sich dieser Teufelskreis auch durch Gewährenlassen nicht durchbrechen. Wo Zerstörungswut blind und roh waltet, wie zum Beispiel im Falle gewalttätiger Kriminalität, können selbst die zur Freiheit gewachsenen Menschen aus Verantwortungsgefühl für die Gemeinschaft nicht darauf verzichten, sich zu wehren — um zu schützen. Doch sollte der kranke Böse nicht vernichtet oder zur Strafe gequält werden, er muß lediglich vor sich selbst und die Gemeinschaft muß vor ihm beschützt werden, weil er sich durch das Unmaß seiner schädigenden Aggressivität als unmündig, als entwicklungsbehindert, als nicht reif zur Verantwortung erwiesen hat. Denn selbst wenn solche Täter ein Scheinziel haben, selbst wenn sie es planvoll und raffiniert anstreben, bleibt der Tatbestand, daß sie Besessene sind, nicht Freie, daß sie Opfer wurden im Teufelskreis unserer Blindheit, Krankheit und Not.

Diese Blindheit können wir nur unter viel Geduld mit Wissen um die Natur des Menschen und Liebe zu unser aller tragisch unabwendbaren Unvollkommenheit auflösen. Was uns nicht ansteht, ist: diese Menschen zu richten, sie moralisch zu verdammen, uns pharisäisch über sie zu erheben und blinde Aggression gegen blinde Aggression zu setzen. Selbst dem hemmungslos grausamen Aggressiven hat unser Mitleid zu gelten, unser Verstehen seines Krankseins, unser Gebet um Erbarmen und Verzeihen. Einem kranken Aggressiven verstehend helfen kann durchaus heißen: ihn mit Festigkeit in seine Grenzen zu weisen; und kann gleichzeitig bedeuten: ihn geduldig das Ausmaß der grenzenlosen Liebe spüren zu lassen.

Aber vor allem kommt es darauf an, solchen seelischen Erkrankungen vorzubeugen. Dem Umgang mit dem

Kleinkind muß dabei das allerhöchste Gewicht beigemessen werden. Lebensschicksal, ja Völkerschicksal ist abhängig vom Erziehungsstil. Natürliche, »richtige« Erziehungsstile aber können wir nicht »machen«, sie uns etwa nach einem ideologischen Konzept »ausdenken«, ohne daß es zu lebensgefährlichen kollektiven Krisen kommen muß. Wir können Erziehungsstile nur lernen, indem wir erforschen, was dem Menschen zu einer höchstmöglichen Eigenentfaltung und notwendigen Anpassung an eine Gemeinschaft dienlich ist. Die Beachtung der Lebensbedingungen von Kleinkindern ist dafür die Voraussetzung; denn es gilt, unseren Kindern den Weg frei zu machen, nicht damit sie unsere Diener werden, sondern hochqualifizierte, weil vollentfaltete Menschen, die so frei geworden sind, daß sie bereit und fähig sind, sich an überpersönliche Aufgaben zu binden. Nur so werden Menschen ihr Leben sinnvoll und glücklich erfüllen können — als verantwortungsbewußte Arbeiter im »Weinberg des Herrn«.

4. Gefährden oder fördern Märchen die seelische Gesundheit von Kindern?

Der Wert von Märchen, Sagen und Mythen für die Erziehung der Kinder wird heute häufig von Laien in Frage gestellt. Manchen Erwachsenen ist in unserer nüchternen, technisierten Welt der unmittelbare Zugang zur Welt der Märchen verloren gegangen. Aus der Sicht eines einseitig rationalen Bewußtseins erscheinen sie als eine Scheinwelt, als ein romantischer Plunder und damit als ein fragwürdiges Erziehungsmittel, weil man wähnt, die Kinder würden zu unrealistischen Träumern erzogen werden. Außerdem — so wird häufig argumentiert — werden in den Märchen nicht selten Grausamkeiten geschildert, die das Kind ängstigen oder mit sittlich fragwürdigen Handlungsweisen vertraut machen könnten.

Solche Einstellung zeigt, daß das Kind nicht in seiner Eigenständigkeit, sondern als ein kleiner Erwachsener gesehen wird — und verkennt außerdem den Aussagewert der Märchen.

Wir wissen heute: In den Märchen wird mit Hilfe einer Bildersprache vom inneren Schicksal des Menschen gesprochen, und zugleich werden Lösungsmöglichkeiten aufgezeigt, wenn der Mensch in Konflikte, Sackgassen und Fallen gerät. Wollen wir als Erwachsene diese Bildersprache verstehen, so müssen wir sie übersetzen wie eine Fremdsprache. Die Märchensprache zu deuten und zu verstehen ist heute besonders durch die Forschungsergebnisse der Tiefenpsychologie möglich geworden, da sich erwiesen hat, daß sowohl in den Träumen der Menschen als auch im Mythengut der Völker die »gleiche Sprache« gesprochen wird. Das heißt: bestimmte Inhalte (Personen, Tiere, Geister, Dämonen und bestimmte Situationen (schweben, fliegen, töten, gefressen werden) haben den gleichen Aussagewert, bilden die gleichen Symbole. Zu dieser Bildersprache haben Kleinkinder noch einen unmittelbaren Zugang. Sie brauchen keine Übersetzung, denn sie leben in dieser Welt. Die Märchensprache ist daher für sie keine Fremdsprache. Sie ist die Muttersprache ihrer Seele. Je mehr die Kinder später Bewußtsein ihrer selbst entwickeln, je mehr sie in die Realität hineinwachsen, um so fremder wird ihnen die Märchenwelt, um so schärfer empfinden sie einen Gegensatz zwischen der wirklichen Welt und der Bilderwelt, die sie jetzt zu Unrecht als Scheinwelt abwerten.

Um das zu verstehen, ist es nötig, einiges über die besondere Art des kindlichen Denkens zu wissen; es ist nicht rational-logisch, sondern bildhaft-anschaulich. Es erscheint dem Kind so, als hätten die Dinge einen eigenen Willen, eigene Absichten. Der Sturm ist ein Mann, der die Backen aufbläst und pustet. Weil die Sonne ins Bett geht, wird es dunkel. Das Kind erlebt die Welt magisch und schätzt auch seine Kräfte in dieser Weise ein. Es bildet magische Praktiken aus, mit denen es versucht, den Ablauf der Ereignisse zu beeinflussen. Wenn die Dinge einen Willen nach menschlicher Art haben und wenn die Welt menschlichen Zwecken dient, dann muß es möglich sein, den Gang der Dinge zu lenken. Auf diese Weise haben Kleinkinder die Vorstellung, zauberische Kräfte zu besitzen, die zu einer Überschätzung der eigenen Möglichkeiten führt, zu sogenannten Omnipotenzvorstellungen. In den Spielarten von Kleinkindern kommt es häufig zum Ausdruck, daß ihre Omnipotenzvorstellungen ihnen dazu verhelfen, das ängstliche Empfinden der Ohnmacht, der Schwäche den Erwachsenen oder älteren Geschwistern gegenüber zu überwinden. Befreiungswünsche aus solchen Abhängigkeiten können bei Kleinkindern häufig zu Todes- oder »Wegwünsch«-Phantasien führen.

Solche »Entmachtung« einer Person geschieht in der magischen Phase häufig mit Hilfe der sogenannten Pars-pro-toto-Vorstellung. Ein Dreijähriger stahl heimlich den von der Mutter aufbewahrten Zahn des als mächtig empfundenen älteren Bruders und ließ ihn von seinem Spielzeugnußknacker viele Male zerbeißen. Hier steht der Zahn des Bruders als Teil für die ganze Person. Symbolisch wurde die Übermacht des Bruders beseitigt und das Unterlegenheitsgefühl des Kindes beschwichtigt.

Kinder neigen in dieser Frühphase dazu, aus Mangel an Realitätskontrolle die Welt um sich her zu beseelen und ihre eigenen Erfahrungen auf Gegenstände, Tiere oder Naturereignisse zu projizieren. Viele Kinder geben in diesem Alter noch den Blumen und Gestirnen in ihren Zeichnungen Menschengesichter, sprechen mit ihrem Spielzeug wie mit Spielgefährten und machen sie für Handlungen verantwortlich, die sie selbst vollzogen haben. Andererseits projiziert das Kind bestimmte Eigenschaften in das Tier hinein. Das Kätzchen entspricht seinen Zärtlichkeitswünschen, der Hund seinem Schutzbedürfnis, das Krokodil kann beißen, wie das Kind es gern ohne Verbote tun möchte, der Fuchs kann heimlich etwas rauben, die Kuh entspricht spendender Mütterlichkeit usw.

Diese Gegebenheiten der innerseelischen Situation des Kleinkindes bewirken, daß die Märchen ihm unmittelbar verstehbar sind. Sie schaden dem Kind nicht nur nicht, sondern machen es ihm möglich, Kraft zu finden, mutig eigene Entwicklungsschritte zu vollziehen. Natürlich geschehen solche Vorgänge vollständig unbewußt, genauso, wie mit Hilfe von Träumen seelisches Gleichgewicht wiederhergestellt und fördernde Lebensimpulse geweckt werden. Mit einigen ganz wenigen Ausnahmen (Fittgers Vogel, die Räuberbraut, Gevatter Tod, Vom Machandelboom) sind die Volksmärchen nach den Gebrüdern Grimm gesunden Kindern durchaus verträglich. Symbole wie Hexe, böse Stiefmutter, böse Fee sind keine Gestalten, die dazu geeignet sind, gesunde Kinder zu verstören. Innerseelisch ist das Kleinkind, auch ohne daß es Märchen kennt, vertraut mit den dunklen Mächten, außen und innen. So stellen die Märchenausgänge immer eine Entlastung von solchen Gefahren dar und geben Mut zu ähnlichen innerseelischen Anstrengungen. Denn die Engel und Teufel, Nikolause und Räuber, Elfen und Zwerge sind keine nur von außen an die Kinder herangetragenen Gestalten. Auch dann, wenn Kinder zum Beispiel den

Ausdruck »Hexe« nie gehört haben, erfinden sie Phantasien und Traumgestalten von bösen alten Frauen usw. Das Auftauchen bestimmter »Urbilder« in der Seele des Kindes – Archetypen nach C. G. Jung – gehört zu seiner artgemäßen »bio-psychischen« Befindlichkeit. So ist zum Beispiel der Wolf ein Symbol der ungezähmten, gewaltigen, verschlingenden Natur selbst. Natur als Gefahr erlebt ein Kind unserer Zivilisation zwar kaum unmittelbar. In den seltensten Fällen ist ihm Natur in Gestalt einer zerstörerischen Katastrophe, als Sturmflut, Wirbelsturm, Erdbeben, als aushungernde Kälte- oder Hitzeperiode bekannt geworden. Häufiger erleben Kinder fressende Wolfsnaturen etwa in Gestalt ungezähmter Triebhaftigkeit an ihren Eltern, zum Beispiel der Überbehütung durch die Mutter (als überwuchernden Pflegeinstinkt), oder als zerstörerischen Jähzorn an ihrem Vater (als fehlgesteuerte Ordnungs- und Verteidigungsbereitschaft). Mit Sicherheit aber erlebt bereits ein kleines Kind seine eigene »Natur« als ungezähmte Triebhaftigkeit, die mit den Geboten und Verboten der Umwelt in Konflikt gerät. Das Kind erlebt nicht selten seine triebhaften Wünsche – etwa alles allein haben zu wollen, oder über die anderen zu herrschen – als eine Gefahr, die es nicht als seine eigene, innere Not erkennen kann; die Naturmächte, die in ihm drängen, scheinen mächtige »Geister« zu sein, die es dirigieren. Durch solches Projizieren innerseelischer Konflikte und Entwicklungsvorgänge nach außen sind Mythen und Märchen entstanden. Deshalb gibt es in den Mythen und Märchen scharf getrennt immer gute und böse, lichte und dunkle Mächte, Götter und Dämonen. Deshalb ist das Leben des Märchenprinzen und der Märchenprinzessin umgeben von den heimtückischen Fallen teuflischer Gestalten und den rettenden, hilfreichen Gegenaktionen der zauberisch-mutigen Gestalten. Und diese Sichtweise entspricht der Vorstellungswelt des kleinen Kindes. Weil aber jedes Märchen mit einer Verheißung (... und wenn sie nicht gestorben sind, dann leben sie noch heute!) endet, weil es die positiven Kräfte in dem Kind auf diese Weise ermutigt und fördert, ist das Erzählen und Vorlesen von Märchen geradezu seelische Kraftzufuhr für das Kind.

Nicht das Vorlesen und Erzählen von Märchen ist die Ursache, wenn Kleinkinder nachts aufschreien und stammelnd angeben, die böse Hexe oder der böse Wolf habe sie verfolgt oder fressen wollen. Auch Kinder, die keine Märchen dieser Art kennen, träumen in solchen Bildern, falls sie von Problemen bedrängt sind, die in solchen Gestalten ausdrückbar sind. Im Gegenteil: Kinder, die in Konflikten stehen, wie sie dieses oder jenes Märchen beschreibt, können durch die befreiende Lösung im Märchen zu einer Überwindung ihrer eigenen Ängste kommen.

Deshalb ist es für die seelische Gesundheit der Kinder im technischen Zeitalter immer noch förderlich, Märchen zu kennen. Dabei ist das Erzählen besser als das Vorlesen, weil es den unmittelbaren Kontakt zwischen Kind und Erzähler fördert und er sich an das Entwicklungsniveau des Kindes anpassen kann. Es ist kleinen Kindern gemäß, das gleiche Märchen oft in möglichst gleichem Wortlaut zu wiederholen, denn sie möchten sich in eingebahnten Strukturen geborgen fühlen. Es ist also besser, ein Märchen fünfmal als fünf Märchen einmal zu erzählen, am besten vier bis fünf Märchen in wochenlanger Wiederholung immer wieder einmal.

Kinder ermüden, im Gegensatz zu Erwachsenen, nicht durch das Gleichmaß, sondern eher durch übergroße Vielheit, bei der sie innerlich »abschalten« müssen. Das Zeigen von Märchenbildern in einfachen, klaren Darstellungen hat dabei einen zusätzlichen Wert; das Kleinkind, das sich ohnehin vom Märchenstoff unmittelbar angesprochen fühlt, interessiert sich für die Bilder und kann auf diese Weise zu besinnlicher Genauigkeit der Beobachtung angeregt werden.

Das Erzählen von Märchen kann also schöpferische Fühlkraft des Kindes fördern und vorbeugend dazu dienen, daß es später nicht einem einseitigen Intellektualismus, blindem Hochmut oder fühlloser Stumpfheit verfällt. Gefühls- und Erlebnistiefe bei den Kindern auf diese Weise zu entwickeln und zu erhalten, ist ein wichtiges Erziehungsziel für Menschen in unserer technisierten Welt. Ohne ein solches Bemühen um die »Beseelung« des Menschen geraten wir in die Gefahr der Verarmung des Gemüts und damit auch unserer Menschlichkeit. Intellekt und Technik ohne Menschlichkeit aber können allein niemals Fortschritt sein, im Gegenteil: im Übersteigern rücksichtsloser Konkurrenzkämpfe, in selbstherrlichen Ideologien, die unrealistisch und instinktlos die unabänderliche Begrenztheit des Menschen nicht mehr erkennen, bahnt sich der Rückfall in die Barbarei an. Die Fühlkraft eines Kindes rechtzeitig zu fördern, ist daher eine heute besonders dringliche Notwendigkeit.

5. Sexuelle Probleme im Kindesalter aus der Sicht kinderpsychotherapeutischer Praxis

Psychopathologische Phänomene zu kennen hat Wert nicht nur für den Arzt, den Therapeuten. Aus Störungen der seelischen Entwicklung zu lernen, kann sinnvoll sein für alle jene, die mit jungen Menschen umzugehen haben, denn so weit sich ermitteln läßt, daß solche Störungen ihre Ursachen haben in Umwelteinflüssen, die dem Kind unbekömmlich waren, kann der Erziehende daraus Konsequenzen für sein Handeln ziehen und auf diese Weise wertvolle Vorbeugung leisten; denn der alte Satz, daß Vorbeugen besser ist als Heilen, hat heute und gerade in dieser Hinsicht noch unumstößliche Gültigkeit.

Gibt es denn psychopathologische Phänomene sexueller Art schon im Kindesalter? Sicher, es gibt sie — in nicht unbeachtlicher Zahl, und wenn man als Kinderpsychotherapeutin arbeitet, wird man nicht selten mit Problemen dieser Art konfrontiert. Das soll anhand von Beispielen aus der Praxis aufgezeigt werden. Dabei wird hier ausschließlich über sexuelle Fehlverhaltensweisen berichtet werden, die in der frühen Kindheit, zwischen dem zweiten und fünften Lebensjahr in Erscheinung treten oder dort ihre Ursachen haben.

Verhaltensstörungen sexueller Art, um derentwillen Eltern von Kleinkindern Erziehungsberatung suchen, sind vor allem Manipulationen am Genitale. So kommt zum Beispiel eine Mutter mit ihrem vierjährigen Klaus und klagt weinend, daß das Kind fortgesetzt mit seinem Glied spiele. Man könne es ihm verbieten, ihn auf die Hand schlagen, ihm drohen — der Junge könne einfach nicht davon lassen. Bei jeder Gelegenheit — selbst auf der Straße und angesichts fremder Menschen — sei die Hand am verbotenen Ort. Zorn und Scham der Mütter über ein in dieser Weise ungeratenes Kind — wie sie meinen — pflegen gelegentlich noch beachtlich zu sein. Ich fragte Klaus' Mutter nach seinem Spielverhalten. »Ach, er bleibt selten bei einer Sache«, kommt die Antwort, »meist nöhlt er irgendwo untätig herum. Vor dem Fernseher kann Klaus stundenlang sitzen.«

Das ist eine außerordentlich typische Erscheinung, die meist in Verbindung mit einer Stereotypie bei kleinen

78

Kindern zu finden ist: Ihr Mangel an Spiellust und Spielideen — die Einschränkung zielvoller Aktivität. Aber sie tritt keineswegs nur beim zwanghaften Manipulieren am Genitale auf — es gibt vielfältige Stereotypien, wie Daumenlutschen, Nasenbohren, Kratzen, Nägelbeißen, Jactationen, die generell den gleichen Aussagewert haben, nämlich Ersatzbefriedigung, Teilentlastung eines frustrierten Bedürfnisses zu sein. Was für eines Bedürfnisses? Hier kann es leicht zu Fehlschlüssen und Mißverständnissen kommen. Läßt nicht die Art des Symptoms Schlüsse auf den behinderten Antrieb zu? Lutscht nicht ein Kind, ja selbst ein Affe, ein Hund oder ein Kalb nachgewiesenermaßen *mehr* am Daumen beziehungsweise an der Pfote, wenn es nicht *genug* an der mütterlichen Nahrungsquelle hat saugen können?

Aber so einfach sind die Zusammenhänge nicht. Ein Hahn kann zum Beispiel eine Ersatzhandlung aus dem *Nahrungsbereich*, das Futterpicken, vollziehen, wenn er daran gehindert wird, einen Kampf mit einem Rivalen auszutragen, der ihn gereizt hatte. Die amerikanischen Biologen nennen so ein Verhalten *redirected behaviour*: eine Erregung, die nicht in eine Endhandlung ausläuft, kann umdirigiert werden in einen anderen Antriebsbereich und sich dort als Stereotypie gewissermaßen austoben. Es ist also höchst fraglich, ob das Manipulieren am Genitale bei einem Vierjährigen denselben Aussagewert hat wie oft die Onanie bei einem Jugendlichen: daß sie also eine Teilentlastung des Geschlechtstriebes darstellt. Das pflegt bei Vierjährigen nicht der Fall zu sein. Man darf die Mütter, die in ihrer Phantasie die Söhne bereits frühreife Triebverbrecher werden sehen, in dieser Hinsicht beruhigen. Schwieriger ist es, die Frage zu beantworten, die ich bereits anschnitt: Aber wofür *ist* die Stereotypie denn ein Symptom? Welcher Antrieb ist denn derart gedrosselt, daß so ein zwanghaftes Verhalten sich ausbildet? Bei Klaus war das nicht schwer zu erfahren: Er war das einzige Kind seiner Mutter; nach einer langen, kinderlosen Ehe war ihr Wunsch nach einem Kind endlich in Erfüllung gegangen. Die Geburt war schwer, an nachfolgende Schwangerschaften dürfe nicht gedacht werden, hatte der Geburtshelfer gesagt. Die Mutter hütete ihr Kind wie ein Goldkorn, als ihr kostbarstes Gut auf der Erde. Das gereichte dem kleinen Klaus zunächst sehr zum Segen — er gedieh prächtig. »Aber unsere schlimme Zeit kam«, sagt die Mutter, »als Klaus so weit war, daß er Türen selbständig öffnen konnte.« Mit der Wendigkeit eines Fuchses begann sich Klaus eilfertig den Blicken seiner Mutter zu entziehen. »Oh, diese Angst!« sagt Frau Z. »Ich hatte keine ruhige Minute mehr.« Schließlich habe sie das Kind im Laufstall angebunden, so hart das gewesen sei und wie bitterlich das Kind oft geweint habe. Aber sie sei dann viel mit ihm spazieren gegangen und habe ihn mit besonders schönen Spielsachen zu erfreuen gesucht. »Aber um diese Zeit kam er immer häufiger auf die Idee, am Glied zu zupfen.«

Aus dieser Erzählung werden die Zusammenhänge sehr deutlich erkennbar. Ein- bis dreijährige Kinder sind in der Phase der handelnden Weltbewältigung. Sich die nähere Umgebung vertraut und bekannt zu machen, Körperbeherrschung zu lernen und allmählich Unabhängigwerden von der Mutter zu üben, steht im Mittelpunkt der Aufgabe dieser Erziehungsphase — das wußte diese Mutter nicht und hatte die Notwendigkeit, das unerfahrene Kind vor Schaden zu bewahren, zur Überbehütung — *overprotection*, wie die Amerikaner sagen — übersteigert. Der frustrierte aggressive Antrieb brauchte ein Ventil der Beschwichtigung und fand es in der Manipulation am eigenen Körper. Die Genitalzone ist zudem — wie wir seit

Freud wissen —, ähnlich wie Mund und After, auch bereits beim Kind eine sogenannte erogene Zone, das heißt eine Körperstelle, die durch Berührung sensibilisierbar und Lustgefühle auszulösen imstande ist. Aber warum blieb das Symptom so hartnäckig erhalten, auch nachdem der Junge größer geworden war und sich freier bewegen durfte? Der Wunsch, der Mutter zu trotzen, wird für ein Kind in dem Maße übersteigert, indem sie es durch ungeeignete Erziehungspraktiken auf der Stufe des Unselbständigseins festbannt. Daher pflegen Kinder von überbehütenden Müttern konsequenterweise besonders jene Verbote zu übertreten, die die Mutter am nachdrücklichsten betont. Denn mit dem Widerstand gegen das Verbot entlastet das Kind teilweise einen für es lebensnotwendigen Antrieb: sich vom Schürzenband der Mutter zu befreien. Klaus' Mutter aber projizierte außerdem unbewältigte Genitalangst in das Kind hinein. »Denken Sie«, sagte sie, »in unserer Familie gibt es einen Verwandten, der wegen sexueller Delikte hat einsitzen müssen! Wenn nun unser Junge solche Eigenschaften geerbt hat!« Schon die Alten haben gewußt, daß es besonders einfach ist, den Teufel zu beschwören, wenn man ihn an die Wand malt: Die Sensibilisierung der Genitalzone bei Klaus wurde durch die Ängste seiner Mutter provoziert und chronifiziert.

Dieser Sachverhalt liegt nun keineswegs immer vor, wenn ein kleines Kind zwanghaft an seinem Geschlechtsteil spielt. Außerordentlich häufig finden wir diese Symptomatik bei Kindern, die ihre erste Lebenszeit in Heimen verbringen mußten — bei Mädchen nicht seltener als bei Jungen. Dabei tritt das Symptom häufig schon gegen Ende des ersten Lebensjahres auf. Man darf vermuten, daß Heimkinder auf diese Weise nicht nur ihren Bewegungsdrang entlasten, sondern darüber hinaus ein Ventil finden für ihr Bedürfnis nach Hautkontakt und Zuwendung, die ihnen nicht zuteil werden, wenn sie am Fließband versorgt werden. Die Schweizer Meyerhofer und Keller haben festgestellt, daß Heimkinder innerhalb von 24 Stunden insgesamt lediglich etwa 60 Minuten Kontakt zu ihren Pflegenden haben.

Außerdem kann sich das zwanghafte Manipulieren am Genitale bei Kindern auch noch auf einer anderen Basis einstellen. Vier- bis Sechsjährige haben ein dem Erwachsenen befremdendes Bedürfnis, ihr Genitale zur Schau zu stellen. Wir wissen nicht mit Sicherheit, welch einem Antrieb diese Übergangsphase zuzuordnen ist. Freud spricht in diesem Zusammenhang von der phallischen Phase, Schultz-Hencke von einem urethral-geltungsstrebigen Antrieb. Daß dieses Zeigebedürfnis etwas mit dem Suchen nach Anerkennung zu tun hat, mag durch die Beobachtung der Verhaltensforscher bestätigt werden, wonach bei adulten Affen das Zeigen des Genitales zum Imponiergehabe, das heißt zu Rivalitäts- und Werbehandlungen gehört.

Das mangelnde Verständnis der Erwachsenen für dieses demonstrative Verhalten ihrer Sprößlinge, ihr verschrecktes Verbieten und Strafen — statt eines verstehenden Lächelns — kann zu einem onanieähnlichen Bedürfnis führen; freilich meist nur bei Jungen und mit einem ausdrücklich demonstrativen Akzent. Das sind dann die kleinen Buben, die ostentativ vor der Schulklasse urinieren — oder beim gemeinsamen Baden splitternackt kaspernd die Aufmerksamkeit von Kameraden, Lehrern oder Schaulustigen auf sich ziehen.

Chronifizieren kann sich das Zeigebedürfnis nicht nur durch Verbot und Strafe, sondern auch durch die Unfähigkeit von Kindern, Kontakt und Anerkennung zu gewinnen. Der erwachsene Exhibitionist ist ein schwer kontaktgestörter Mensch, bei dessen Bemühen um Zuwendung in der Kindheit das Erleben von Lust und Strafe beim Zeigen des Genitales prägend wurde als Sehnsucht nach dem anderen, die der Kranke auf diese Weise meint befriedigen zu können.

Ein betont sexuelles Interesse zeigen auch solche Kinder in diesem Alter, denen die Verschiedenheit der Geschlechter nicht in kindgemäßer und sachlicher Weise verdeutlicht worden ist, wenn sie danach fragten. Kleine Buben können dann die Furcht entwickeln, daß Mädchen beschnittene Jungen seien und wähnen, daß auch ihnen dergleichen geschehen könnte. Mädchen können neidvoll das Gefühl entwickeln, weniger zu haben, zumal wenn sie in der Familie hinter Brüder zurückgesetzt werden. Leicht ist es, bei entsprechenden Fragen, wie sie unbefangen im Alter von drei bis sechs Jahren gestellt werden, zu antworten: »Nein, du bist (oder das ist) ein Mädchen, Mädchen sehen anders aus als Jungen. Sie werden ja später einmal eine Mutti. Dafür haben alle Mädchen eine Tasche, die ist innen.« Beantwortet man diese den Kindern existentiell wichtige Frage nicht sachgemäß und ernst oder gibt gar abschlägige Antworten — wie: »Das verstehst du doch noch nicht«, so unternehmen sie häufig eigene Forschungen. Die Mütter sind dann entsetzt, wenn sie entdecken, daß die Kinder sich Doktor-spielend voreinander entblößen und das Genitale untersuchen. Ich habe einmal einen kleinen Jungen behandelt, der in seinem Dorf allen kleinen Mädchen, deren er habhaft werden konnte, die Strumpfhosen herunterzog und die Kleinen eingehend beguckte. Nach einer einfachen Aufklärung über die Geschlechtsunterschiede schwand das Symptom auf Nimmerwiedersehen.

Es gibt darüber hinaus eine ganze Reihe von psychopathologischen Phänomenen im Kindesalter, die auf den ersten Blick keineswegs eine Störung im Sexualbereich vermuten lassen. Erst eine psychologische Untersuchung mit Hilfe von Testverfahren oder eine tiefenpsychologisch orientierte Betreuung fördert diesen Sachverhalt zutage. Häufig zeigen sich solche Störungen lediglich in Konzentrationsschwierigkeiten in der Schule, Ablenkbarkeit, Verträumtheit; noch häufiger aber in psychosomatischen Symptomen, besonders in akuten Angstanfällen, die als Ohnmacht, Übelkeit, Ekelgefühlen oder Erbrechen, Erblassen, Erröten, Zittern in Erscheinung treten. Viele solcher Kinder haben Angst, im Dunklen allein zu sein, manche — besonders Mädchen — haben speziell Furcht vor Mäusen oder Schlangen, andere fürchten sich davor, allein auf die Straße zu gehen. Andererseits zeigen gerade sie in der Gemeinschaft ein auffälliges Gebaren, geben sich als besonders mutig, imponieren mit phantasiereichen, oft unwahren oder übertriebenen Heldengeschichten, suchen ihre innere Unsicherheit und Angst zu übertönen durch ein extrem geltungssüchtiges Gebaren. Diese Symptome gibt es freilich selten im Grundschulalter. Erst in der Pubertät pflegen sie so lärmend zu werden, daß sie der Umwelt als ungewöhnlich auffallen. Dennoch haben solche Störungen fast immer eine ältere Wurzel — in den meisten Fällen nehmen sie bereits in der sogenannten ödipalen Phase, der Fünfjährigkeit, oder noch früher ihren Anfang. Interessanterweise haben diese Störungen ihre Ursache in einer Trübung der Gefühlsbeziehung zu den Eltern, wobei dem gegengeschlechtlichen Elternteil jeweils eine besondere Bedeutung zukommt. Im Mittelpunkt stehen meist drei verschiedene Störungsmöglichkeiten.

1. Die Gefühlsbeziehungen zu den Eltern können durch Verwöhnung, durch erotische oder gar sexuelle Stimulationen überhitzt werden. Die Kinder werden dabei an das stimulierende Objekt fixiert. In solchen Fällen treten oft schon vor der Pubertät verdeckte Ängste auf. Es scheint,

daß die Fixierung an ein inadäquates Objekt »Fluchtten-denzen« vor der Gefahrenquelle mobilisiert. Die Angst manifestiert sich in psychosomatischen Symptomen.

2. Es gelingt dem Kind nicht, den gegengeschlechtlichen Elternteil und seine spezifische Geschlechtsrolle zu akzep-tieren. Abscheuerregendes oder ängstigendes Verhalten der entsprechenden Bezugspersonen können dafür die Ur-sache sein.

Meiner Erfahrung nach kann aber auch das Umgekehr-te eintreten: Ein Junge kann sich

3. nicht als männliches Wesen mit seinem Vater identi-fizieren. Er lehnt es ab, so zu werden wie der Vater. Ähn-liches gibt es auch bei Mädchen. Wenn z. B. ihre harte Mutter sich ihnen nicht als Mutterideal einprägt, sondern statt dessen der weiche Vater.

Bei solchen ambivalenten, das heißt überhitzten oder ablehnenden Einstellungen zu den Vorbildern kann es nun zu einer verwirrenden Unsicherheit in der eigenen Ge-schlechtsrolle kommen und damit zu vielerlei Schwan-kungen homo- oder heterosexueller Partnerschaftssuche.

Auf diese Zusammenhänge hat vor allem J. H. Schultz hingewiesen. Er schreibt: »... daß für die ernsthaft sexu-ell-perverse Fehlentwicklung der Persönlichkeit ganz be-sonders entscheidend schwere Ambivalenzen gegenüber wichtigen Kindheitsfiguren sind; unter diesen steht im all-gemeinen an erster Stelle die Mutter; ihr folgen — wenn vorhanden — die Geschwister und hiernach der Vater und sonstige Umweltfiguren.« Und weiter: »Daß Verfehlun-gen der gesunden Mitte in der frühkindlichen Pflege und Behandlung die gleichen schweren Entwicklungsstörun-gen bei dem Kinde bedingen können, gleichgültig, ob es sich um ein Zuviel oder Zuwenig an Liebe handelt (Ver-wöhnung und Härte), ist heute allgemein bekannt. Und so ergibt auch die analytische Arbeit an Homosexuellen

bald die übersorgende, verweichlichende und verunselb-
ständigende, bald die harte, gemütlose, lieblose, herrische
und ekelhafte Mutter.«

Bei der Schwierigkeit, für diese Gegebenheiten eine
brauchbare Erklärung zu finden, können die jüngsten Er-
gebnisse der Verhaltensforschung dienlich sein.

K. Lorenz hat herausgefunden, daß es Instinkthand-
lungen gibt, die zwar in ihrer Motorik und in ihrem Ablauf angeboren sind, daß aber die Kenntnis der Objekte,
auf die sich die Handlungen richten, erst erlernt werden
muß. Entscheidend in diesem Zusammenhang ist nun
Konrad Lorenz' Entdeckung, daß dieses Lernen häufig
viel früher erfolgt, als die Handlung möglich ist, für die
es bestimmt ist. Ja, häufig geschieht dieses Lernen in einem anderen Funktionskreis als dem, für den die Handlung verwendbar ist. Bei Entenvögeln ist das zum Beispiel
so. Sie haben eine »sensible Phase« in ihrer frühen Kindheit, und zwar in einer Zeit, in der zielgerichtete Sexualität noch keineswegs ausgebildet ist. In ihr wird durch einen Prägungsvorgang das Geschlecht des späteren Part-
ners festgelegt. Und zwar findet die junge Ente diese Rolle durch das tägliche Zusammensein mit ihrem Eltern-
kumpan! Es handelt sich also um das Erlernen eines Er-
kennungsmerkmals, das verhindert, daß der Erpel sich
später einen falschen, nicht artgemäßen Partner aussucht.
Der Prägungsvorgang steht im Dienst der Arterhaltung.

Wenn wir diese Beobachtung auf den Menschen über-
tragen, ließe sich folgende Arbeitshypothese entwickeln:
Die sogenannte ödipale Phase nach Freud — sie liegt nach
übereinstimmenden Beobachtungen auch der Nachunter-
sucher in der Vier- bis Sechsjährigkeit — ist eine sensible
Phase für die Präformierung des geschlechtsspezifischen
Verhaltens beim Menschen. In dieser Phase lernen die
Kinder Geschlechtsunterschiede erkennen, ihre eigene Ge-

schlechtsrolle annehmen und sich partnerschaftlich zu verhalten. Nur wenn durch ungünstige Umwelteinflüsse dieser Ablauf natürlicher Reifungs- und Lernvorgänge gestört wird — was durch schon bestehende Antriebsstörungen älteren Datums freilich sehr begünstigt werden kann —, kommt es zu charakteristischen Abweichungen. Daher also stehen die Störungen von Gefühlsbeziehungen zu den Eltern bei der Verursachung späterer Partnerschaftsstörungen im Vordergrund. Der Antrieb, sich das richtige »Vorbild« einzuprägen, scheint durch Angst und Abscheu, jedenfalls durch negative Gefühlstöne gestört, behindert und verdrängt zu werden.

Zu solchen Unsicherheiten in der Gefühlsbeziehung zum anderen Geschlecht oder in der eigenen Geschlechtsrolle tritt der entscheidende Einfluß, den die ersten sexuellen Erlebnisse in der Pubertät auf spätere Partnerschaftsbeziehungen haben. Je unsicherer ein Junge ist in der Vorstellung: »Ich bin ein Junge, werde einmal ein Mann wie Vater und nehme mir dann eine Frau, wie er die Mutter geheiratet hat«, desto leichter ist er in der Pubertät Verführungen zugänglich nach dem Motto: »Ich finde Weiber eigentlich schrecklich. Jungen finde ich netter, sie ziehen mich viel mehr an. Bin ich eigentlich ein richtiger Junge?« Verführungen, die an so einem in seiner Geschlechtsrolle verunsicherten Jugendlichen herangetragen werden, können bestimmend sein für eine homosexuelle Tendenz. Mehr als die Hälfte der Homosexuellen haben bis zum Alter von vierzehn Jahren bereits erste homosexuelle Kontakte gehabt. Ein Beispiel soll das erhellen:

Vom Gericht wird mir ein Jugendlicher zur »heilerzieherischen Behandlung« überwiesen. Er hatte sich von einem Freund seines Vaters zu homosexuellem Geschlechtsverkehr verleiten lassen. Die Untersuchung ergab, daß es ihm als kleinem Kind nicht gelungen war, sich mit seinem strengen Vater zu identifizieren, der als Kriegsleidender immer zu Hause war und viel mit ihm schimpfte. So war der Junge in eine gefügige, feminin betonte Haltung gedrängt worden. Aber auch das Mutterbild erwies sich bei näherem Hinsehen als außerordentlich ambivalent. Trotzdem hätte er aber eine heterosexuelle Beziehung aufnehmen können — wie er es später auch tat —, wenn die Verführung nicht stattgefunden und damit die Indifferenz des Knaben gewissermaßen zufällig in die manifeste Homosexualität geführt hätte.

Sehr Ähnliches hat Schutz im Experiment mit seinen Erpeln festgestellt. Je nach den Situationen, in die die Erpel gebracht wurden, überwog das Fehlgeprägte vor dem Angeborenen, oder das Angeborene vor dem Geprägten. Schutz hat uns gezeigt, wie dieses Schwanken bei den Erpeln sich über Jahre fortsetzen kann, so daß einmal hetero-, ein anderes Mal homosexuelle Partnerschaftsbeziehungen eingegangen werden. Ein ähnliches Schwanken kann man beim Menschen mit einer verunsicherten Geschlechtsrolle häufig feststellen. Wer viele psychologische Untersuchungen mit Kindern durchführt, ist immer wieder überrascht, wie häufig eine Unsicherheit in der Geschlechtsrolle und eine Fehlindentifikation sichtbar werden.

Trotzdem tritt manifeste Homosexualität viel seltener auf (nach Kinsey sind 4 % der Gesamtpopulation seit ihrer Pubertät ständig homosexuell), als die bei psychologischen Untersuchungen feststellbaren Verunsicherungen in der Geschlechtsrolle vermuten lassen. Das liegt zu einem großen Teil gewiß daran, daß als Regulativ in solchen Fällen Gewissensangst und Schuldgefühle auftreten. Sie bewirken, daß zunächst die Hinwendung zum gegengeschlechtlichen Elternteil unmöglich wird, ja, daß schließlich auch die zum gleichgeschlechtlichen unterdrückt wird.

Meiner Erfahrung nach geschieht das auf folgende Weise: Ein Kind kann in der sensiblen Phase für die Objektprägung einen zu starken Drang zum gegengeschlechtlichen Elternteil erwerben. Das passiert, wie gesagt, häufig dann, wenn entweder der gegengeschlechtliche Elternteil auf geradezu erotische Weise das Kind stimuliert, oder wenn etwa bei einem Sohn die Trotzphase ausfiel, weil seine Mutter ihn überbehütete. Bei solchen Kindern kann es meiner Erfahrung nach in der sensiblen Phase zu einem massiven Ödipuskomplex kommen. Die kleinen Jungen reden dann davon, daß sie ihre Mütter, die Mädchen, daß sie ihre Väter heiraten wollen. Dann aber tritt die Gewissensfunktion in Erscheinung und bewirkt, daß dieser Impuls verdrängt wird. In solchen Situationen kommt es leicht zu einer Fehlprojektion der nach Ergänzung suchenden Impulse auf den gleichgeschlechtlichen Elternteil, der in dieser Situation also als Ersatzobjekt fungiert. Aber auch dieser Drang fällt sehr schnell der Gewissenszensur anheim, so daß schließlich der gesamte Antriebsbereich abgelehnt und unterdrückt wird.

Das Auftreten dieser regulierenden Gewissensinstanz läßt sich bei Kindern, die in den Therapiestunden ihren Konflikt spielend darstellen, immer wieder konstatieren. Ich habe diese Erscheinung mit Hilfe von Tonbandaufnahmen von Kasperlestücken in großer Zahl festgehalten. In solchen Fällen tritt im Spiel der Kinder der Polizist auf und verhindert und bestraft die »verbrecherischen« Handlungen.

Der elfjährige Heiner zum Beispiel ist in einer übersteigerten Weise mit seiner Mutter verbunden. Er stammt aus einer unglücklichen Ehe, und die Mutter hat sich ihm in einer erotischen Weise zugewandt. Sie berichtet, daß Heiner als kleiner Junge, wenn er sie nach einem Ehestreit habe weinen sehen, zu ihr gesagt habe: »Jag ihn doch weg, Mutti! Dann heiraten wir, wenn ich groß bin, ja?« Bei Heiner hatte sich nun in den folgenden Jahren eine merkwürdige Häufung von Unfällen eingestellt, die bereits zu schweren Verletzungen und langen Krankenhausaufenthalten geführt hatten. Er war ein schlechter Schüler geworden und hatte sich schließlich geweigert, überhaupt die Schule zu besuchen. In seinem Kasperlestück herrscht zunächst das Motiv vor, daß ein »schwarzer Reporter aus Afrika« ein Attentat auf den König plant. Der König wird dabei schwer verletzt, aber die Polizei tritt dann sofort auf den Plan und verhaftet den Attentäter. Ebenso verhindert die Polizei, daß ein dunkler »Mister Uhu« eine Bank ausraubt, während der König im Krankenhaus liegt — und schließlich wird sogar aufgedeckt, daß die Königin eine Hexe ist, die den jungen Prinzen — ihren eigenen Sohn — in einen alten König verzaubert und dann geheiratet hat. Nachdem Heiner die Entzauberung des Prinzen durch die Königin-Hexe unter Mithilfe des Kasper dargestellt hatte, konnte er wieder zur Schule gehen und blieb gesund.

Ohne Behandlung und Erziehungsberatung hingegen kann die regulierende Gewissensangst die Störung paradoxerweise chronifizieren. Dies liegt vermutlich daran, daß es in einem solchen Fall zu einer *Über*-steuerung dieser Instanz kommt. Sie führt in die »Betriebsstörung« und damit häufig ins körperliche Symptom. Diese Übersteuerung bewirkt nämlich, daß jetzt nicht nur die pathologische Antriebsrichtung, sondern der gesamte Antriebsimpuls der Angstzensur und danach der Verdrängung anheimfällt. Da das aber die Lebenserhaltung in Frage stellt, kommt es später beim Auftauchen von Schlüsselreizen zu einer verstärkten Angstsymptomatik. Mit deren Hilfe kann dann zwar noch instinktiv versucht werden, das lebensnotwendige Ziel zu erreichen; das geschieht dann aber ungeordnet und mit derselben geringen Chance, mit der der Bewegungssturm eines gefangenen Vogels den rettenden Ausweg findet.

Solche vorbereitenden innerseelischen Zustände und Vorgänge in der frühen Kindheit fehlen selten, wenn es mit der Ausreifung der sexuellen Funktion zu Pubertätsschwierigkeiten kommt. Wie diese freilich aussehen, an was für ein inadäquates Objekt sich der gestaute Trieb fixiert, darin waltet zu Pubertätsbeginn dann meist der Zufall.

Zwei Beispiele:

1. MacDonald berichtet von einem jungen Mann, der Mädchen Zöpfe abschneidet und dabei sexuelle Befriedigung erlebt. Dieser Mann hatte als Junge in der Schule hinter einem Mädchen gesessen, das einen Zopf getragen hatte. Er pflegte den Zopf zu betrachten, während sein Nachbar ihm Dinge erzählte, die ihn sexuell erregten. Wie wir wohl hinreichend deutlich gemacht haben, ist nun keineswegs dieser Zufall die alleinige Ursache der Perversion. Der Wirkung dieses Geschehens ging vielmehr eine Verdrängung von Gefühlsregungen voraus, die ursprünglich auf ein gegengeschlechtliches Objekt bezogen waren. Der Fetischismus zeigt deutlich noch den Abglanz der eigentlich gesuchten, aber behinderten Objektwahl. Dazu ein weiteres Beispiel:

2. Einem Jugendlichen wird vom Gericht eine heilerzieherische Behandlung verordnet. Er ist Schlosserlehrling. Er hat bei seinem Meister mehrere Male eingebrochen, sich die Unterwäsche und Kleider der mit im Hause lebenden Mutter des Meisters — trotz Aufdeckung der Tat — wiederholt gestohlen und angezogen.

Der Junge hatte ein ungewöhnlich hartes Schicksal gehabt. Er war, da beide Eltern arbeiteten, zunächst von seiner Großmutter versorgt worden, die aber starb, als er fünf Jahre alt war. Mit neun Jahren verlor er dann die gesamte Familie (Eltern und Geschwister) bei einem Verkehrsunfall. Der Junge kam zu seinem Großvater. Dieser verunglückte ein Jahr später auf einer Baustelle tödlich. Nach einigen Jahren öffentlicher Pflege war er schließlich zu jenem Meister in die Lehre gekommen. In diesem Fall wird die Vermischung von Bedürfnissen nach Fürsorge und sexuellen Antrieben mit deren Erwachen deutlich erkennbar.

Auch bei jenen Jugendlichen, die zu frühen Bordellbesuchen kommen, ist meist das Vermögen der Partnerschaftsfindung blockiert: Wem die Trauben zu hoch hängen, der greift, wenn er Hunger hat, schließlich auch zu denen, die in der Gosse liegen. Ähnliche Vorerlebnisse, zumindestens im Sich-durchsetzen, scheinen selten zu fehlen, wenn zum Beispiel in der sogenannten Pädophilie mit Kindern als Sexualpartner vorlieb genommen wird.

Eine Gefühlsstörung in der Beziehung zum Vater liegt auch in den meisten Fällen vor, wenn es bei Mädchen in der Pubertät zu lesbischen Neigungen kommt. Aber selbst wenn die ödipale Bindung etwa durch eine sexuell gefärbte Stimulation der entsprechenden Bezugspersonen erhalten bleibt, kann es später, im Jugend- und Erwachsenenalter, zu dramatischen psychischen Störungen kommen. Diese so außerordentlich störanfälligen, hochkomplizierten Entfaltungsvoraussetzungen zu reifer Genitalität lassen unsere modernen Experimente in Kinderläden, Kommunen und Falkenlagern, Kinder zu sexuellem Verhalten zu stimulieren, als pseudowissenschaftlich und verantwortungslos erscheinen. Entwicklung zu gesunder Sexualität ist an nichtgenitale, phasenspezifisch lebensnotwendige Antriebsentfaltung gebunden. Es ist weder erstrebenswert noch »normal« im Sinne eines altersentsprechenden Verhaltens, wenn Dreijährige sich stundenlang zwanghaft selbst befriedigen oder Achtjährige miteinander Geschlechtsverkehr haben, im Gegenteil: die Psychopathologie kann nachweisen, daß in solchen Fällen bereits ein schwerwiegendes Fehlverhalten als Folge von Antriebsstörungen vorliegt. Entwicklung zu reifer Sexualität des Menschen bereitet zu mehr vor als nur zu Geschlechtsverkehr — nämlich auch auf alles, was daran spezifisch menschlich ist und über das rein biologische Triebgeschehen weit hinausreicht.

An *einem* Phänomen, dem der Scham, kann das noch besonders deutlich werden. Tiere kennen keine Scham. Alles Verhüllen, Verbergen oder Verstecken, das sich bei Tieren zeigt, entspringt anderen Motiven — meist denen der Sicherung der Beute, Abwehr des Feindes, dem Schutz der Brut. Auf Grund solcher Beobachtungen will eine biologistisch argumentierende Mode auch dem Menschen das Schamgefühl als ursprüngliche Gegebenheit absprechen. Es sei, so sagt man, lediglich eine künstliche Barriere, ein Tabu, das je nach den geltenden Normen der Gesellschaft von ihr willkürlich errichtet würde, um die im Schwange stehenden Ordnungsnormen durchzusetzen. Diese Argumentation ist so weit richtig, als manche der *Inhalte*, auf die Menschen mit Empfindungen der Scham antworten, künstlich von der Umwelt erfunden worden sind. Immer aber bleibt in allen solchen Vorgängen die Grundgegebenheit sichtbar, daß das Schamgefühl als Reaktion auf ein Erkennen und Bewußtwerden von Unvollkommenheit einsetzt, die den Menschen vor sich selbst oder in den Augen der anderen herabzumindern scheint. Die Möglichkeit, sich zu schämen, ist also im Verhaltensinventar des Menschen vorgegeben. Deshalb tritt das Schamgefühl des Menschen innerhalb seiner Ontogenese *auch* in Erscheinung, wenn das Setzen herkömmlicher Tabus von Erziehern bewußt vermieden wird. Besonders deutlich wird dieser Sachverhalt in bezug auf die Scham, sich nackt zu zeigen.

Unter dem Einfluß unserer modernen Tabubefreier versuchen viele Eltern, ihren Kindern eine unbefangene Einstellung zu ihrem eigenen Leib zu vermitteln, indem sie sich selbst viel vor ihren Kindern nackt zeigen und sie zu einem gleichen Verhalten ermuntern. Solange die Kinder klein sind, ist die neu erhoffte, paradiesische Natürlichkeit auch echt zu erreichen und zunächst zu erhalten. Aber meist noch *bevor* sie in die Schule kommen, zwischen dem fünften und sechsten Lebensjahr, beginnen sie sich diesen elterlichen Wünschen zu widersetzen. Sie erklären ausdrücklich, sich verhüllen zu wollen, oder sie schließen gar ostentativ das Badezimmer ab, um sich den Blicken anderer Menschen zu entziehen, wenn sie nackt sind. Die Kinder beginnen, sich ihrer Nacktheit zu schämen. Interessanterweise fällt dieses Bedürfnis, sich zu verhüllen, entwicklungspsychologisch in jene Phase, in der das Kind sich seiner Geschlechtsrolle bewußt wird, wenn es klar unterscheidet, daß es Junge oder Mädchen ist und sich »ödipal« dem gegengeschlechtlichen Elternteil zuwendet. Die Scham signalisiert jenes Gefühl von Unvollkommenheit und Schuld, das auch bereits in der Genesis als eine Folge einer fundamental abtrennenden Handlung geschildert wird: Als Folge einer Gebotsübertretung, nämlich der, vom Baum der Erkenntnis zu essen. Das Bedürfnis eines älteren Kindes, sich zu verhüllen, zeigt einen notwendigen Entwicklungsschritt an. Es hat begonnen, sich abzutrennen, es ist sich seiner geschlechtlichen »Halbheit« bewußt geworden, es empfindet sich selbst als Abgefallenen, als Renegaten, als schuldhaft aus der umhüllenden Geborgenheit des Paradieses vertrieben. Dieser Entwicklungsschritt muß aufgrund der Not solcher Empfindungen von Abgetrenntheit vollzogen werden, weil der

Mensch nur auf diesem Boden Aktivität und Impetus zu gestaltenden Prozessen entwickeln kann. Das Schamgefühl hat dabei vermutlich eine hilfreiche Funktion, denn es wahrt und umhüllt die Individualität und schützt sie damit vor einem voreiligen, vertrauensseligen und gefährlich unbedachten Verströmen an das Neuland Leben. Damit bekommt es auch einen kulturfördernden Sinn. Es bildet gewissermaßen die Glasglocke, unter der sich das Ich festigen kann und längerdauernden Lernprozessen gesammelter gewachsen ist.

Auf diese Zusammenhänge hat der Biologe J. Illies immer wieder hingewiesen. Er schreibt: »Die Scham ist verwandt mit dem Gewissen, und wie ein Wächter warnt sie uns oder hindert uns sogar, das zu tun, was wir im Grunde nicht tun wollen, auch wenn es uns verlockt. Auf den ersten Blick klingt es überzeugend: Ablegung der falschen Scham, Rückkehr zur Natürlichkeit, froher Genuß der Sinne und paradiesischer Frieden auf der einen Seite — Prüderie, verlogene Sittlichkeit, Angst, Feigheit und verstaubte Moral auf der anderen. Und doch ist dies gefährlich vereinfacht und so verführerisch falsch, als sei es direkt aus der »Dienstanweisung für einen Unterteufel« entnommen. Der Abbau sexueller Scham dort, wo sie innerhalb einer Ehe als Barriere zwischen den Partnern steht, ist eine psychologische Notwendigkeit, von der jede Lebenserfahrung weiß — auch ohne Kolle und seine Rezepte. Wo Liebe über das Niveau einer lockeren Partnerschaft hinausgeht, wo sie zur bestimmenden und umformenden Gewalt wird, in der zwei Menschen sich in dem anderen erkennen und erleben, dort wurde zu allen Zeiten solche Scham nicht nur überwunden, sondern vertrauensvoll abgelegt. Was daraus erwächst, ist die Schicksalsgemeinschaft der Liebenden, die um so sicherer gegründet ist, je größer das Geschenk des Sieges über die eigene Scham war und je mehr ein solcher Sieg vom Alltagsverhalten abstich. Eine vernünftige Sexualaufklärung sollte wohl die Unkenntnis bekämpfen, aber nicht zugleich die Scham abbauen; sie sollte sie vielmehr achten und in ihrem existentiellen Wert erkennen helfen. Das ist nicht das Gebot eines verstiegenen und idealisierenden Humanismus, sondern die klare Folge der Einsicht in biologische und psychologische Zusammenhänge. Ein Mensch ohne Schamgefühl ist ein seelischer Krüppel, weniger gerüstet für ein menschenwürdiges Dasein als einer, der ungenügende Kenntnisse über das Sexualleben besitzt. Abbau der Scham setzt die Seele schlimmerer Infektionsgefahr aus als der Abbau der Immunreaktion für den Körper sein kann. Was wir im Körper auch durch Impfung als Gesundheitsschutz aufbauen – die Einrichtung von Gefahrenherden in der Seele durch eine stümperhafte Sexualaufklärung ist für unsere Existenz als Person aus Leib und Seele bedeutend gefährlicher. Denn das aufwühlende Erlebnis der Überwindung der Sperre, die das sexuelle Schamgefühl normalerweise zwischen den Geschlechtern errichtet, ist auch eine der Voraussetzungen für das Zustandekommen der krisenfesten Schicksalsgemeinschaft, die es den Menschen ermöglicht, ihre Kinder in einer engen und opferbereiten Verbundenheit der Eltern großzuziehen.«

Auch sexuelle Traumata – vor allem wenn sie Kinder im prägsamen Alter treffen – können Störungen dieser Art und auf dieselbe Weise hervorrufen und damit einen fundamentalen Einfluß auf das Schicksal eines Menschen nehmen. Dazu gehören nicht nur Überfälle, Vergewaltigungen, sexuelle Spielereien hetero- oder homosexueller Art – bei sensiblen Kindern, die bereits unter einer introjizierten Strafangst leiden, können auch unvorbereitete Operationen neurotisieren. Dazu gehören nicht etwa nur

Phimosen- oder Hodenhochstandoperationen, auch Blinddarm-, Mandel-, selbst Finger oder Zahnoperationen können — bei entsprechender Vorgeschichte — die Verdrängung sexueller Impulse chronifizieren. Viel zu wenig wird in diesem Zusammenhang noch beachtet, daß Kinder —je jünger sie sind um so mehr —, die realen Zusammenhänge nicht erfassen können und daß, soweit das magische Weltbild noch nicht abgebaut ist, solche Eingriffe geeignet sind, Straf- und Vergeltungsängste so zu überhöhen, daß auf diese Weise die gesunde Entfaltung behindert, ja verstümmelt werden kann. Nur im Notfall sollten solche Operationen in jener Phase der Kindheit — der Fünfjährigkeit — vorgenommen werden, in der das Kind vorübergehend eine spezifische — man könnte fast sagen erotisch gefärbte — Beziehung zum gegengeschlechtlichen Elternteil entwickelt hat; denn da diese Bindung mit Hilfe der Gewissenszensur des Kindes überwunden wird, kann das ängstigende ärztliche Eingreifen mit der Strafangst verknüpft und spätere Hinwendungsversuche zum anderen Geschlecht auf diese Weise angstvoll blockiert werden.

Ein großer Teil der Probleme der Jugendzeit ist nicht einfach damit aus der Welt zu schaffen, daß wir den Jugendlichen weise Ratschläge geben. Die Ursachen liegen tiefer. Und wenn wir unsere kollektive Not und Unordnung meistern wollen, dann müssen wir in einer viel fundamentaleren Weise versuchen, unserer Erziehung wieder ein gesundes Fundament zu geben. Denn ohne eine solche in früher Kindheit erworbene Gesundheit sind die Jugendlichen dem Problem der Pubertät nicht gewachsen.

Wissende Führung durch die Erwachsenen, aber vor allem eine gesunde Vorbildlichkeit der Erzieher ist dringend nötig, um sexuellen Nöten und Abartigkeiten im Erwachsenenalter vorzubeugen.

6. Die Hintergründe der sexuellen Revolte aus der Sicht des Jugendpsychotherapeuten

Was ist das — die sexuelle Revolte? Sie besteht zunächst einmal in der Dominanz des Themas Sexualität in Filmen und Illustrierten, in zahllosen wissenschaftlichen oder pseudowissenschaftlichen Publikationen, die man unter das Motto stellen könnte: So herrsche denn, Sexus — wobei es vor allem um die Auflösung von sogenannten Tabus und ihrem tausendjährigen Muff geht.

Heute, 1976, sind die Forderungen der Revolte bereits weitgehend erfüllt und zwar:

1. Die Auflösung der Enthaltsamkeit vor der Ehe und der Monogamie.

2. Aufklärung der Kinder und Erwachsenen zur Vorbereitung und Steigerung sexuellen Glücks, das heißt das Wissen um biologische, physiologische Zusammenhänge und Techniken um Koitus, Konzeption und Konzeptionsverhütung.

3. Eine freie Darstellung von sexuellen Inhalten aller Spielarten in der Öffentlichkeit.

4. Abschaffung der einschlägigen Paragraphen 175, 184 etc.

Die sexuelle Revolte bestand in den letzten Jahren in dem Bemühen, einzelner Gruppen — vielleicht darf man doch schon sagen: mehrerer Gruppen —, diesen neuen Verhaltensnormen vorschriftsgetreu und sittengestreng nachzukommen und sie zu verbreiten.

Dieser Sachverhalt ist von Belang zur Erhellung des Phänomens: In der Bundesrepublik jedenfalls ist es keineswegs so gewesen, daß ein kollektiv praktizierter Tatbestand von der Öffentlichkeit aufgegriffen wurde, sondern daß Verhaltensweisen in der Öffentlichkeit so lange propagiert wurden, bis sie mehr und mehr zum Tatbestand wurden. Deshalb vor allem scheint mir die Frage in unserem Zusammenhang notwendig: Wer oder was machte die sexuelle Revolte? Die Antwort muß im Hinblick auf westliches Profitdenken heißen: Seine Durchschlagskraft erhielt das Thema Sexualität *durch die Verkäuflichkeit dieser Ware.* Ohne diesen merkantilen Gesichtspunkt, ohne die Entdeckung dieser Goldpfründe durch unsere zielbewußten, von keinen Gewissensskrupeln gestörten Konquistadoren des Sexus wäre es unmöglich gewesen, daß dieser Segen Einkehr genommen hätte in das bundesdeutsche Wirtschaftswunderhäuschen. Mir ist natürlich klar, daß wir damit erst am Beginn unserer Antwort sind, denn unsre zweite Frage muß lauten: Aber *was* machte denn dieses Thema so verkäuflich? Es war vor allem wohl der Reiz des Neuen, der Reiz des bisher Untersagten, Verbotenen, Verhüllten, der Blick durch einen Vorhang, eine Tür, die viel zu oft zugeschlagen worden war, immer gerade dann, wenn die Neugier siedete. Wessen Neugier? Nun, es war die Neugier derer, die heute genügend Geld haben, um solche Bücher, solche Zeitschriften zu kaufen, sich solche Filme und Theaterstücke anzusehen, der Erwachsenen also. Wir treffen hier also auf eine spezielle, ja aus der Psychopathologie des Kindes geläufige und typische Reaktion: dem eines gestauten, überhitzten, oft geradezu zwanghaft voyeuristischen Forscherdranges in bezug auf Sexuelles als Folge einer extremen Tabuierung dieses Bereiches. In früheren Jahren konnte man am Einzelfall in der Praxis diese Gestimmtheit der voyeuristischen Neugier bei gleichzeitig gehemmter Genitalität häufig konstatieren.

Ein typisches Beispiel war der zwanzigjährige Eberhart, der 1966 bei mir psychotherapeutischen Rat suchte, weil

jede genitale Sensation ausblieb, wenn er ein Mädchen
küßte oder berührte, der aber beim Anblick pornographi-
scher Bilder oder beim Beobachten von Liebespaaren von
einem Versteck aus onanierte. Als Ursache dieser Genitalangst erwies sich eine mütterliche Erziehung, die Sexualität in einer ungewöhnlich abwertenden Weise tabuierte.
Als eine Nachbarsfrau der Mutter berichtet hatte, daß der
siebenjährige Eberhart die kleinen Mädchen der Nachbar-
schaft doktorspielend angeschaut und berührt habe, war
er einer harten Prügelstrafe und langfristigen Diffamierung unterzogen worden. Das Verbot dieser Kindheitser-
fahrung wirkte auf den Jungen so stark, daß er sich noch
an der Schwelle zum Erwachsenenalter an diese Tabuierung unbewußt als vollständig gefesselt erwies. Das wurde durch einen Traum eindeutig, den er bereits zur zweiten Stunde mitbrachte. Er träumte: Ich stehe am Ufer des
Amazonas und sehe, wie sich ein schönes Mädchen an der
gegenüberliegenden Seite auszieht und in den Strom wa-
tet. Auf einmal erstarre ich vor Entsetzen: ein Vietkong
(das ist, wie sich beim Assoziieren ergibt, der aktiv trieb-
hafte Teilaspekt des Träumers selbst) ist dem Mädchen
nachgeschlichen und springt ins Wasser, um es zu jagen.
Das Mädchen versucht davonzuschwimmen, der Vietkong
hinterher. Auf einmal ein lauter Schrei: viele Piranhas sind
aufgetaucht und fressen im Handumdrehen dem Vietkong
sämtliches Fleisch vom Gebein, und er versinkt. — In der
Phantasie des Träumers wurden gegengeschlechtliche Impulse durch Schuldgefühle und Strafangst blockiert. Wer
unbewußt fürchtet, mit dem Tode bestraft zu werden,
wenn er einem Mädchen nachsteigt, wird versuchen, solchen Gefahren auszuweichen. Die Impotenz des Jungen
stand also im Dienst solcher Vermeidungen.

Nun, das ist ein sehr krasser Fall, im allgemeinen haben
solche Tabuierungen in den Generationen keineswegs

(nachweislich nicht, wie unser Dasein beweist) zu solchen vollständigen Blockierungen geführt — und dennoch lassen sich mit Hilfe der Psychoanalyse nicht selten auch bei sogenannter normaler Genitalität Nuancierungen erkennen in bezug auf bestimmte Vorlieben und Valenzen, die sich als frühkindliche Fixierungen an sexuell-getönte Kindheitserlebnisse nachweisen lassen.

Der voyeuristische Akzent tritt meist dann in den Vordergrund, wenn in der sogenannten Phase des Forschens und Schauens im Alter zwischen vier und fünf Jahren auf die kindlichen Bekundungen sexueller Neugier mit heftigen Verboten geantwortet wurde. Der Mensch kann partiell an solche frühkindlichen Entwicklungsstufen fixiert bleiben, so daß das Anschauen einen lustvolleren Stellenwert behält als etwa das genitale Triebziel der Vereinigung, und das um so mehr und in einem um so drängenderen Maße, als dieses unbewußt mit Schuldgefühlen und Strafangst durchsetzt ist. Im Anschauen liegt dann nicht nur die positive Valenz des Sich-durchsetzens gegen ein schmerzhaftes Verbot, sondern darüber hinaus die Verschiebung der Libido auf ein Triebobjekt, das ohne Konfrontation, ohne Direktheit, aus zweiter Hand und damit ungefährlich ist.

Für eine solche kollektive Gestimmtheit in unserer Erwachsenengeneration mußten die exhibierenden Geldmacher in Film und Illustrierten die passendsten Auslöser bieten. Auch die Psychopathologie des Exhibitionismus weiß in bezug auf seine Ätiologie, daß hier eine Fixierung an jene frühkindliche Libidostufe vorliegt, in der das lustvolle Vorzeigen der Genitalien Triebziel der unreifen kindlichen Sexualität darstellte. Ein reif gewordener Mensch hat es weder nötig noch hat er Spaß daran, seine Genitalien zur Schau zu stellen. Denn damit prunken muß als Erwachsener nur der, der gerade in dieser Hinsicht fundamental verunsichert oder in einer unangemessenen Weise für Zur-Schau-Stellungen dieser Art belohnt worden ist. Die kollektive infantile Sexualität, deren Merkmal darin besteht, an sexuelle Themen exhibitionistisch und voyeuristisch fixiert zu sein und auf ihnen zu beharren, feiert heute ihre Triumphe.

Nun, ein Eiterherd, der sich aufwirft und sein Gift nach außen abgibt, kann durchaus eine *reinigende* Funktion haben. Und das könnte auch bei der sexuellen Revolte der Fall sein, nämlich dann, wenn sie zum Beispiel kollektiv zu einem Wissen verhelfen würde, das wir Fachleute im Einzelfall schon seit zwanzig Jahren erprobt haben und anwenden: daß Kinder eine altersentsprechende Hilfe in ihrem Fragen und Suchen nach den Geheimnissen der Lebensentstehung brauchen, daß es nötig ist, sie in dieser Hinsicht zu führen, anstatt sie allein zu lassen und für Handlungen zu strafen, die sie erst durch diese Strafen als schweinische Schandtaten zu empfinden lernen.

Aber so einfach und komplikationslos geht es — um bei unserem Bild zu bleiben — ja auch nicht immer bei der Heilung von Eiterbeulen zu. Oft wird auch dabei erst noch einmal der ganze Körper durch und durch vergiftet. Mit unserer modernen Revolte geht es uns nicht anders. Für mich als Tiefenpsychologin besteht das verblüffendste Phänomen der modernen Entwicklung darin, daß man plötzlich orthodoxen Freudianismus propagiert — an der praktischen Erfahrung sind Freuds Theorien ja längst korrigiert und modifiziert worden — oder noch päpstlicher als der Papst sein will und seinen Schüler Wilhelm Reich und Herbert Marcuse glorifiziert. Mit großem Getöse hebt man Gott Sexus auf den Thron und stimmt ein ähnlich bedrohlich grelles Hurrageschrei an wie dereinst an den Tuillerien. Ja, im Dienste dieses Gottes erscheint es beinahe unumgänglich, die Guillotine wieder einzufüh-

ren, denn es zeigt sich, daß es einen furchtbaren Feind dieses Gottes gibt, er heißt: die repressive Gesellschaft.

Mit der Realität hat das wenig zu tun, wohl aber mit
einer historisch weidlich bekannten Gegebenheit: Wo gestaute Aggression sich entladen soll, braucht sie zunächst
einmal einen Feind, einen Sündenbock; denn das wissen
wir von den Verhaltensforschern: kein Triebziel läßt sich
erreichen ohne ein handfestes Triebobjekt, und deshalb
braucht jeder gestaute Aggressionstrieb den Anreiz durch
einen Sündenbock, auch wenn der noch so illusionär, noch
so attrappenhaft ist wie »die repressive Gesellschaft«.

Aber diese kriegerische Akzentuierung der sexuellen
Revolte ist nun auch nicht mehr die Angelegenheit der
Weltkriegsgeneration – natürlich nicht –, denn an krie-
gerischen Aggressionsentladungen hat es unsereins in diesen wilden Zeitläufen ja nicht gemangelt, nein, dieser
zweite Akt der sexuellen Revolte, Sexus mit gezücktem
Schwert sozusagen, ist nun eine Angelegenheit der Nach-
kriegsgeneration geworden, die Angelegenheit derer, die
das Satte des für uns so staunenswerten Friedens- und
Wirtschaftswunders nun glücklicherweise wieder satt haben. Die Generation will nicht nur »mal ein wenig guk-
ken« – diese Generation trägt das Mal einer anderen Not
auf ihrer Stirn, und deshalb bekommt die sexuelle Revolte
für sie ein vollständig anderes Gesicht, nämlich das der
obszönen Provokation.

Wenn wir also weitere Hintergründe der sexuellen Revolte erfassen wollen, müssen wir uns fragen: Wie sieht
die Not dieser Nachkriegsjugend aus? Inwiefern ist sie
überhaupt in Not?

Nun, weil die junge Generation, je jünger sie ist, um so
mehr und verbreiteter von einer seelischen Krankheit be-
fallen ist – und diese Krankheit hat wenig damit zu tun,
daß die Gesellschaft die Sexualität der Arbeitnehmer zu

Arbeitszwecken unterdrückt, sondern damit, daß durch unseren Wohlstand den Kindern notwendige Existenzbedingungen geraubt wurden, so daß sie im Grunde jetzt zu Recht toben, sie wissen nur selbst nicht warum. Aber niemand trägt die Schuld daran, weil niemand wissentlich diesen Schaden wollte. Schuldig werden wir erst jetzt, da wir den Schaden sehen und ihn nicht mit allem Einsatz und aller Energie abzuwenden suchen. Die Not der Jugendlichen heute heißt neurotische Verwahrlosung. Außer einer fehlenden Durchhaltefähigkeit bei der Arbeit, illusionären Riesenansprüchen und dem Heischen nach Sofortbefriedigung gehört der aktiv-aggressive Protest gegen die bestehende Ordnung und eine fundamentale Bindungslosigkeit zu den Grundzügen dieser Erkrankung. Die Bindungslosigkeit zeigt sich zum Beispiel in einem fehlenden Interesse für den Partner, für dessen Probleme, dessen Wohl, sie zeigt sich im raschen Wechsel der Partner und dem Fehlen emotionaler Beteiligung. Sexualität, Promiskuität wird im Zeichen der sexuellen Revolte zur zähen Pflicht eines ungeschriebenen Kodex. Aber der Verwahrloste lebt nicht im Geist der Liebe, kann es gar nicht, weil ihm gerade *diese* Voraussetzung fehlt, nämlich das sich selbst aus der Mitte stellen — um des anderen willen. Ihm fehlt absolut die Zielvorstellung des reifen Erwachsenen, mit dem Partner gemeinsam die Aufgaben der Zukunft in Angriff zu nehmen, denn auch der neurotisch Verwahrloste ist fixiert an eine »prägenitale Libidostufe«, um freudianisch zu sprechen, und zwar an die orale, in der es sich darum handelt, etwas zu bekommen, etwas zu haben, zu den Quellen vorzustoßen, koste es, was es wolle. Deshalb will sich der Verwahrloste sein Schlaraffenland ertrotzen, das Land, in dem Milch und Honig fließt, Arbeit überflüssig ist und der Mensch — jeder Mensch, so sagt er, aber er meint vor allem sich selbst —

alles haben kann. Denn — und das ist das Wesen seiner Gestimmtheit — er ist ein Habenichts, ein Zu-kurz-gekommener, und das muß geändert werden. Auf den Einfall, daß man das nur durch Arbeit könnte, kommt der Verwahrloste nicht, weil er eben gar nicht durchhaltend arbeiten kann, und so wird der Raub der Macht zum Ziel seiner Aktivität. In dieser illusionären Zielvorstellung wird die Enttabuierung der Sexualität wegen ihrer provokatorischen Wirksamkeit ein stattlicher Pfeiler, der aber ohne echten Eigenwert ist, denn eigentlich — so sagen solche Jugendlichen dann zu mir — »liegt für mich da wenig drin«, und die Mädchen, die in ihrer Kommune von Hand zu Hand gereicht werden, sagen: »Ich empfinde überhaupt nichts dabei, aber das lasse ich mir nicht anmerken.« Denn Tabus gibt es natürlich die Masse in den neuen Reglements; verboten ist: keinen Orgasmus zu haben, immer mit demselben schlafen zu wollen, nicht im Beisein der anderen zu »bumsen« usw. Und mit Besorgnis wird erfleht, was auf den Wänden der Halle V auf dem Kirchentag 1969 in Stuttgart angeschmiert stand: »Lieber Gott, mach mich fromm, daß ich zum Orgasmus komm!« Wenn sie auch sonst nicht mehr zu Gott beten, um den Orgasmus flehen sie schon, aber gerade der ist durchaus in Frage gestellt. Denn der sexuell Verwahrloste ist meistens frigide und wenn nicht voll impotent, so doch sexuell desinteressiert, eben weil es zum Wesen seiner Krankheit gehört, liebesunfähig zu sein. Was Wunder und wie absolut konsequent, daß man nach den Rauschgiften giert, um zur erkauften, ertrotzten, erspritzten Ekstase zu kommen, der vom Codex geforderten, die aus der Kraft des Herzens aber nicht mehr aufzusteigen vermag.

Daß das nicht alle Jugendlichen sind, ist sicher. Aber inwiefern es alle werden könnten, läßt sich verdeutlichen, wenn man sich mit der Anamnese solcher Verwahrlosten beschäftigt. Denn dort finden wir nicht nur eine Erklärung dafür, warum die sexuelle Revolte zur obszönen Provokation entartete, sondern auch dafür, warum die Zahl der neurotisch Verwahrlosten heute in einem ungeheuerlichen Maße zunimmt.

Ein Beispiel soll das verdeutlichen: Ich lernte die sechzehnjährige Stefanie im Zuge eines Gerichtsverfahrens gegen eine jugendliche Bande kennen, deren Mitglieder ich zu begutachten hatte. Seit drei Jahren betätigten sich diese Jugendlichen in einem prächtig funktionierenden Job, der bisher ohne Entdeckung floriert hatte und in einer makabren Weise und zur Farce verzerrt ein Stück unserer Situation heute beleuchtet. In dem Stammlokal der Bande erschienen nicht selten abenteuerlustige ältere Jahrgänge, die ihre gutgefüllte Brieftasche in den Dienst und Genuß des anakreontischen Ideals von Wein, Weib und Gesang zu stellen suchten. War von den scharfäugigen Knaben der Bande die Zahlkräftigkeit des trinkfreudigen Genießers hinreichend ermittelt, so trat Stefanie, die in der Tat schön war wie ein Botticelligemälde, auf den Plan und zeigte dem Glückspilz an der Theke ihre unmißverständliche Bereitschaft zur weiteren Erhöhung des Lebensgenusses. Zusatzvertrag zur geldlichen Absprache: Der »Bruder« Stefanies müsse sie zu ihrem Schutz in die dunklen Wälder begleiten dürfen. Hatte man im Auto des Herrn den verschwiegenen Ort erreicht, wurde er von Stefanies »Bruder« und seinen Kumpanen, die unauffällig im bandeneigenen Wagen ohne Licht, der Lederjacken entledigt, mit hochgekrempelten Ärmeln gefolgt waren, zusammengeschlagen und seiner Barschaft beraubt. Die Schinderhannesmoral diente zur Sanktionierung: Diese lüsternen Scheiß-Etablierten hatten sich an ihrem Mädchen vergreifen wollen.

Wie sah Stefanies Vorgeschichte aus? Sie entstammte

einer Kleinbürgerfamilie. Als sie als viertes Kind geboren wurde, war die Ehe ihrer Eltern weitgehend zerrüttet, weil der Vater seinen Lohn als Maurergeselle allwöchentlich vertrank. Die Mutter sah sich gezwungen zu arbeiten, mußte dauernd die Kinder wechselnden Nachbarn überlassen. Unverwahrtheit vom ersten Lebenstag an und lebensbedrohliche Gewalttätigkeiten des Vaters waren das Klima, in dem Stefanie aufwuchs, bevor die Ehe geschieden wurde, als Stefanie sieben Jahre alt war. Daß für sie und ihre Schwester damit die Gefahr sexueller Verwahrlosung groß war, hatte ich bereits damals in meiner Kartei als prognostischen Eintrag vermerkt.

Nun, solche extrem harten Einzelschicksale hat es immer einmal gegeben. Sie sind aber heute viel häufiger als früher, nicht allein deshalb, weil der Alkoholismus zunimmt, sondern weil die Kinder in vielen Fällen auch *ohne* äußere Not ihrer Eltern die opferbereite Fürsorge einer Pflegerin, der immer *gleichen* Pflegerin, entbehren müssen, eben weil die Mütter berufstätig bleiben und die kleinen Kinder um die ihnen biologisch notwendigen Anfangsbedingungen gebracht werden. Solche Zu-kurz-gekommenen erweisen sich später oft als ungebunden und damit auch als verantwortungslos, weil sie erste Bindung und Bergung nicht erlebten, so daß sie in trotziger Fixierung nach Säuglingsidealen — etwa nach inaktivem Versorgtsein — gieren, so daß ihre Sexualität noch viel infantiler ist als die ihrer voyeuristischen Väter; daß sie in der Gier nach Sättigung, nach Lustbefriedigung, in dem Verlangen nach der spendenden Mutterbrust steckenbleiben, eben weil es die für die allermeisten gar nicht mehr gab und infolgedessen keine adäquate Befriedigung eintrat. Vielmehr begann der Marsch in die Surrogatwelt bereits mit dem Scheinreichtum der Flasche. Statt der Erfüllung ihrer biologisch lebensnotwendigen Bedürfnisse nach seelischer Zuwendung, Nachahmung und Arbeitseinübung nachzukommen, sucht man die junge Generation mit einem Unmaß an technisierten Ersatzobjekten zu befriedigen und setzt sie damit dem Unglück antriebsbehindernder Verwöhnung aus. Auf diese Weise wird die berechtigte Gestimmtheit der Jugend heraufbeschworen: Hier ist alles, alles falsch, es muß alles von Grund auf geändert werden. Wir wollen endlich das *Richtige* haben.

Die in diesem Sinne Kranken haben wie gesagt im Grunde ein erstaunlich geringes originäres Interesse an Sexualität und noch weniger an Partnerschaft. Ein Zwanzigjähriger, der nach einem Selbstmordversuch zu mir geschickt wurde, sagte: »Ja, mit meinem Mädchen schlafe ich natürlich regelmäßig, vielleicht heirate ich sie später auch — aber meine Probleme mit ihr besprechen? — nein, auf die Idee bin ich noch nie gekommen.«

Um zusammenfassend den Sachverhalt klarzustellen: Das Öl im Feuer der sexuellen Revolte bildet heute mehr und mehr der provokatorische Protest gegen die bestehende Ordnung. Er ist ein Teilaspekt der neurotischen Verwahrlosung, die für die freiflottierende Aggressivität Scheinmotivationen braucht. So gewiß es eine irreale Unterstellung ist, daß in der freien Welt Sexualität zu Ausbeutungszwecken unterdrückt wird, so gewiß ist es, daß die sexuelle Revolte in jüngster Zeit ihren Impetus dadurch erhält, daß sie zum Aufhänger neurotischer Unzufriedenheit und Zerstörungslust geworden ist. Es gehört zum Wesen dieser Erkrankung, intolerant zu sein gegen jede Form von Triebverzicht oder Triebaufschub — eben weil die Reizschwelle durch den zur Gier gesteigerten Triebdruck zu *haben*, etwas zu bekommen, allzusehr erniedrigt ist. Daß die Frustration im Grunde keine Bosheit der Gesellschaft ist, sondern Triebaufschub und Triebverzicht in die Ökonomie jedes ausgereiften Seelenhaushalts gehört, ohne den er nicht funktioniert — diese schlichte Realität wird heute von den Revoltierenden übersehen und verleugnet. Anstatt zu erkennen, daß es zum Lebensschicksal, zu den ursprünglichen Gegebenheiten des Menschen gehört, in einem Konflikt zu stehen zwischen Triebentladung und Verantwortlichkeit, wird dieser eigentlich innerseelische Konflikt auf das Kollektiv verschoben und ein politisches System zum Beelzebub für eine Lebenssituation gemacht, der der Mensch, so lange es ihn geben wird, niemals entfliehen kann.

Auch ist es eine höchst oberflächliche Scheinlösung, wenn man die Frage der Verantwortlichkeit für den Partner in bezug auf die Sexualität mit einem Hinweis auf jene Praktiken auszuschalten sucht, deren Ausbau man gemeinhin für eines der pfündigsten Hintergrundmotive der sexuellen Revolte hält: ich meine die Anticonceptiva. Wenn Frauen Verhütungsmittel zu benutzen gelernt haben, warum sollen sie dann nicht auch ab vierzehn Jahren regelmäßig in den »Vollgenuß der Lust« kommen — warum nicht? Ich möchte aus der Erfahrung vieler Gespräche mit jungen Mädchen und Frauen über dieses Thema antworten: Die meisten Verhütungsmethoden — außer zweien, einer praktisch irreparablen: der Tubenligatur und einer wenig beliebten: der Schlinge — befreien die Frauen nicht zum »Vollgenuß der Lust«. Sie befreien sie allenfalls zu einer maximalen Dienstbereitschaft für den Mann, den sie lieben. Das allerdings ist in den Augen der Frauen ein hoher Wert und entspricht ihrer psychischen Wesenheit: ihre Liebe dadurch zu erweisen, daß sie dem geliebten Mann seine Wünsche erfüllen. Die Willigkeit der Frauen, Ovulationshemmer anzuwenden gegen die immer wieder aufflackernden Bedenken einiger Fachleute entspricht nicht ihrer ureigensten Bedürftigkeit in bezug auf Sexualität, sondern ihrer Anpassungsbereitschaft.

Denn die sexuelle Triebstruktur der Frauen ist sowohl in bezug auf die Ontogenese als auch auf ihre Periodizität vollständig anders als die des Mannes. Amerikanische Untersucher haben herausgefunden: Die sexuelle Bedürftigkeit kommt eigentlich erst zwischen dem zwanzigsten und dreißigsten Lebensjahr zur Entfaltung, und sie hat innerhalf des weiblichen Zyklus ihren Höhepunkt eben gerade *während der Ovulation.* Aber wenn man miteinander ins Bett gehen muß, weil man sonst nicht up to date ist, und wenn der Mann es will, daß man mit ihm schläft, so tut die Frau das eben — trotz ihrer Emanzipation; denn sie denkt nicht über sich nach, sondern über die anderen, über den Mann, den sie liebt, dem sie sich schenkt, oder — im Negativen —, den sie haben, den sie fesseln, den sie durch sexuelle Hörigkeit in ihr Joch zu spannen versteht. Besitztrieb und Anpassungsbereitschaft der Frau sind also wesentliche Hintergrundmotive der sexuellen Revolte und keineswegs *allein* ihr Wunsch, von ungewollten Schwangerschaften zum Zwecke eigenen erhöhten und ungehinderten Lustgewinns befreit zu werden, wie man ihr so oft erfolgreich vorzugaukeln versucht. Die Frauen lassen sich sexuell manipulieren und merken das nicht einmal. Man könnte fragen: warum auch nicht, wenn sie doch dabei glücklich sind. Das Dumme ist nur, daß es viele auf die Dauer *nicht* sind — ihr Unbehagen macht sie mißlaunig, anspruchsvoll und psychosomatisch leidend. Sie empfinden sich im Grunde als ausgenutzt und mißverstanden, wissen nur nicht, warum. Nun, dieser Preis mag bei den älteren Frauen unter Umständen noch zahlbar sein. Er könnte sogar nicht zu hoch werden, wenn die Frauen es in ihr Bewußtsein nehmen würden, daß es um ihre »Lust« bei solcher Manipulation nicht gehen kann und daß sie mit Gelassenheit alle Vorschriften und damit all ihre Besorgnis um den Orgasmus zum Teufel schicken sollten, sondern daß es einerseits eben um opferbereite Liebe geht, die schon immer ihre Domäne war — und als Novum gleichzeitig um die Möglichkeit, mehr Zeit zu haben für berufliche Vervollkommnungen und Verfolgung individueller Lebensgestaltung.

Die Frau — soweit sie zu menschlicher Liebesfähigkeit gereift ist — giert gar nicht nach Lustgewinn als höchstem Glück, sondern nach der Freude, zu schenken und glücklich zu machen. Sie mit Hilfe von Ovulationshemmern zur Lust zu befreien, ist ein verlogenes, betrügerisches Motiv der Vorkämpfer für die sexuelle Revolte. Nur wenn Frauen die konzeptionsverhütenden Methoden als ein Opfer für den Mann und für wesentlichere Aufgaben empfinden, können sie einen gefühlsvertiefenden Wert haben und ihnen Segen bringen. Hingegen bleibt die Frage nach elterlicher Verantwortung unüberhörbar, wenn man an die Töchter, wenn man an die jetzigen Mädchen denkt. Diese Kinder, denen man den Traum von dem einen einzigen, wunderbaren Prinzen, den sie im Grunde ihrer Seele auch heute noch träumen, aus dem Herzen reißt und sie, mit Antibabypillen bewaffnet, in die Zelte, die Autos, die Matratzenpartys jagt, denen man keine Zeit läßt zu reifen für ihre Art zu lieben und die den Wunschtraum vom gemeinsamen Kind eliminieren müssen, bis er so vergilbt ist, daß es schließlich kein Erleben der großen Freude über die »gute Hoffnung« mehr gibt — diese brutale Manipulation der jungen Mädchen setzt uns einer generellen Einbuße an Fühlfähigkeit aus, die den kollektiven Seelenverlust auf die Spitze zu treiben droht.

Keinem Befreier zur Sexualität — von Reich bis Kolle, Comfort, Kentler und Taylor — kann diese Verantwortung abgenommen werden, ja keinem Vater, keiner Mutter von Töchtern darf sie entrutschen. Der Arzt freilich, der auf Wunsch dem jungen Mädchen die Pille verordnet, ist sanktioniert; denn verantwortungslos ein Kind in die Welt zu setzen, ohne ein Nest für es zu haben und damit das Heer der Seelenkrüppel, der Verwahrlosten zu vermehren, ist ein noch größeres Übel als das Verspielen innerseelischer Entwicklungsmöglichkeit und Gefühlstiefe bei den jungen Frauen selbst.

Außer den vorgenannten gibt es nun gewiß noch andere Motive für die sexuelle Revolte, gewiß sind darunter einige, die auch einen positiven Akzent tragen, eben den, daß wir Wege suchen, zu einer eigenständigen Mündigkeit, zu einer größeren persönlichen Freiheit, die allerdings niemals entstehen kann aus den anarchistischen Tendenzen irrealer neurotischer Sofortbefriedigungsimpulse. Denn unser Suchen nach Freiheit kann ja erst dann verwirklicht werden, wenn der einzelne die Verantwortung, seinen Mitmenschen nicht schaden zu wollen, selbst trägt, wenn er also eine *innere* Instanz einsetzt, die jetzt noch für den Unmündigen durch das Gesetz und die kollektive Moral reguliert wird. Der Weg in eine solche Freiheit setzt aber voraus: eine umfängliche Information über das Wesen und die Natur des Menschen, also Kenntnis darüber, was fördert oder was ihn krank macht, eine Bereitschaft dazu, dem anderen nicht zu schaden, und die »sittliche Reife«, diese Bereitschaft in die Tat umzusetzen.

Das wäre ein langfristiges, ein besonnenes Zukunftsprogramm. Die wilde Wucherung sexueller Revolte kann dazu allenfalls einen Anstoß geben, aber nicht mehr. Ihr Programm verwirklichen hieße, das Kind mit dem Bade ausschütten, wobei es gewiß in Teufels Küche geriete. Wir besitzen aus der Praxiserfahrung hinreichendes Material darüber, daß Kinder, die bedenkenlos mit Sexualität konfrontiert oder sexuell mißbraucht wurden, als Jugendliche oder Erwachsene unüberwindliche Genitalangst entwickeln und, falls es ihnen gelingt, sie zu verdrängen, zeitlebens mit unerkannten Hysterien, das heißt psychosomatischen Symptomen aller Art, behaftet sein können — und das auch, *ohne* daß irgendeine Diffamierung durch die Gesellschaft stattgefunden zu haben braucht. Da Ekel, Abscheu und Verdrängung von Sexualität auch entstehen können, wenn Kinder im Unmaß und zur Unzeit mit ihr konfrontiert werden, dürfte es eine legitime Prognose sein, daß wir mit einer gewaltigen Zunahme seelischer Nöte zu rechnen hätten, wenn unsere unnatürliche Natürlichkeit zur kollektiven Norm erhoben werden sollte. (Nachtrag zur 8. Auflage 1976: In Schweden, wo die sexuelle Libertage seit mehr als 3 Jahrzehnten besteht, ist diese Prognose bereits heute eingetreten.) (S. R. Huntford, Wohlfahrtsdiktatur, Ullstein 1971, S. 261 ff)

Daß selbst das Tier im Menschen traurig wird, wenn wir es zu unserem Lebensziel ernennen, Orgasmusrekorde zu schlagen, daß also verabsolutierte Sexualität unglücklich macht, wußten schon die alten Römer — wir sollten vielmehr auch mit dem Tier in uns so umgehen lernen, daß es selbst post coitum nicht traurig zu werden braucht, nämlich indem wir es menschenfreundlich in unseren partnerschaftlichen Dienst nehmen, damit es mit teilhat an unserer großen Zukunftsaufgabe: die Liebe in dieser Welt zu mehren — und das heißt: sich um den anderen fürsorglich, respektvoll und verantwortungsbewußt zu mühen.

7. Jugendgericht in der Klemme

Daß Nachdenklichkeit unsicher macht, konnte schon Shakespeare demonstrieren; aber muß »Gedankenblässe« immer zum »Kränkeln« führen, die den Zeitpunkt zum richtigen Handeln verpaßt? Nachdenklichkeit über Gesetze scheint in unserem Land not-wendig zu sein. Berechtigterweise gehört nachdenkliches Unbehagen in die Gestimmtheit eines bundesdeutschen Jugendgerichts. Die Zahl der Delikte nimmt von Jahr zu Jahr zu. Ladendiebstähle, Autodiebstähle, das »Knacken« von Zigarettenautomaten und Einbruchsdelikte stehen an der Spitze. Die Rückfallquote ist hoch. Von den Arbeitsauflagen und Verwarnungen bei Bagatelldiebstählen steigt die Strafe über den eintägigen oder mehrtägigen Freizeitarrest bis zum Freiheitsentzug in einer Jugendstrafanstalt. Die Bestrafung soll bewirken, daß der Delinquent von seinen auf diese Weise sichtbar gewordenen schädlichen Neigungen zu lassen lerne. Lernen freilich kann nur ein Mensch, der Lernfähigkeit besitzt. Aber spricht nicht gerade der Rückfall gegen diese Lernfähigkeit, zumindest in bezug auf die Tatsache, daß z. B. Stehlen nachteilige Folgen habe?

Es gehört zum Wesen des gesunden Menschen, daß positive und negative Erfahrungen sich ihm einprägen, so daß er in Zukunft unterscheiden, werten und nach besserer Einsicht handeln kann. Ja, gerade diese Lernfähigkeit ist eine Voraussetzung zu vernünftiger, freier Willensentscheidung. Die Vorstellung von dieser Lernfähigkeit bildet die Grundlage des Strafvollzugs.

Die Frage, ob sie bei den jugendlichen Rückfalltätern nicht herabgemindert sein könnte, drängt sich also geradezu auf und ruft den Sachverständigen auf den Plan.

Aber das Gutachten des schulmedizinischen Psychiaters bestätigt in den meisten Fällen die strafrechtliche Reife und damit Zurechnungsfähigkeit. Das heißt, es ist weder ein hirnorganischer Defekt erkennbar, noch ist der Delinquent schwachsinnig. Man könnte sich mit dieser Feststellung beruhigen und hat das in der Gerichtsbarkeit und der forensischen Medizin für lange Zeit auch getan. Denn wenn der Mensch in der Lage ist, intellektuelle Lernprozesse zu vollziehen, müßte er — so nimmt man an — auch fähig sein, mit Hilfe seines Verstandes Gesetze zu erkennen und einzuhalten, auch, wenn eine ungünstige Erbanlage ihn mehr oder weniger stärkeren Versuchungen aussetzen sollte. Dieser Gedanke ist es auch, der die forensische Psychiatrie noch heute dafür plädieren läßt, sogenannte Psychopathen, d. h. Menschen mit einer — wie man annimmt — ererbten, psychischen Labilität für zurechnungsfähig zu erklären.« Man wird nur bei gleichzeitigem Bestehen intellektueller Defekte Verminderung oder Aufhebung der Zurechnungsfähigkeit annehmen«, schreibt Kurt Schneider noch in der 9. Auflage seines für die Psychiatrie maßgeblichen Buches: Die psychopathische Persönlichkeit.

Wie aber, wenn die Lernfähigkeit solcher Jugendlichen lediglich in bezug auf einen Teilbereich, etwa auf das Vermögen, fremdes Eigentum unangetastet zu lassen, eingeschränkt wäre? Wie aber, wenn hier ein »Verhaltenszwang« vorhanden ist, der es dem Jugendlichen wohl ermöglicht, das Unrechtmäßige solcher Handlung einzusehen, nicht aber, nach dieser Einsicht zu handeln, weil ein unwiderstehlicher Drang die durch Strafen bereits erhöhte Abschreckungsbarriere dennoch überrennt? Das Verhalten und die Vorgeschichte vieler jugendlichen Straftäter spricht für diese Hypothese.

Einige Beispiele:

Ein Vierzehnjähriger steht vor dem Gericht; strähnig-bewässertes, hellblondes Kurzhaar, unsicher-bange Haltung, verdächtig schwimmende Blauaugen — ein Bagatellfall, der rasch erledigt sein wird: Der Junge ist dabei erwischt worden, im Ankleideraum eines Fußballvereins in den Hosentaschen nach Geld gesucht zu haben. Peter ist geständig. Ja, er habe solchen Hunger gehabt und sich Süßigkeiten kaufen wollen. Ob er denn zu Hause nicht satt werde? »Ja, gewiß«, lächelt er eilfertig. Am Schluß der Beweisaufnahme fragt der Richter: »Das wirst du nicht wieder tun, nicht wahr?«

Da geschieht das Unerwartete: »Doch«, sagt der Junge, und während sich das kummervolle Gesicht in eine überschwemmte Tränenlandschaft verwandelt, kommt der schluchzende Zusatz: »Ich kann ja gar nicht anders.«

In diesem Augenblick eines erschütterten und verwirrten Schweigens der an der Verhandlung Beteiligten, meldet sich der Vater des Jungen zu Wort. Er zieht ein Notizbuch aus der Tasche und weist mit Daten nach, daß sein Sohn seit seinem siebenten Lebensjahr (trotz harter Strafen, die mitverzeichnet sind: Schläge, Essensentzug, Stubenarrest, Taschengeldentzug, aber vor allem Schläge, Schläge, Schläge) in zunehmendem Maße gestohlen habe, zuerst der Mutter die Groschen aus dem Portemonnaie, dann den Klassenkameraden das Kakaogeld, dann bei Bekannten, schließlich in Selbstbedienungsläden. Der Vater habe es nur mühsam ohne Anzeige mit dem ihm bekannten Ladeninhaber in Ordnung bringen können.

Das Gericht vertagt die Verhandlung und ordnet die Untersuchung durch einen Sachverständigen an. Dieser nimmt die Vorgeschichte des Jungen auf: Peter ist das erste Kind seiner Eltern. Sie heirateten, obgleich sie sich eigentlich innerlich noch nicht dafür entschieden hatten, der Schwangerschaft wegen. Der Vater fühlte sich in eine

Falle gelockt, zumal er mit seiner Berufsausbildung noch nicht fertig gewesen und mit seiner, ebenfalls noch in der Ausbildung stehenden Frau bei den Schwiegereltern untergekrochen sei. Die Schwiegermutter — noch jung und rüstig — hatte sich bereit erklärt, das Kind zu warten und aufzuziehen, bis die jungen Eltern zu einer Existenzgründung gefunden hätten. Aber bereits in den ersten Monaten der Ehe habe es soviel Streit gegeben, daß die Lage unerträglich geworden sei. Nach der Geburt des Kindes hatten Mutter und Tochter dazu noch begonnen, sich »wie zwei Geier« um das Kind zu streiten. Als der Junge sieben Monate alt gewesen sei, sei er, der Vater, ausgezogen, aber auch seine Frau sei, von ihm getrennt, fortgegangen in eine andere Stadt und habe das Kind dort in ein Heim gegeben. Man habe sich scheiden lassen, und da die Mutter eine neue Bindung eingegangen sei und sich um das Kind nicht mehr gekümmert habe, sei ihm das Sorgerecht zuerkannt worden. Als der Junge vier Jahre alt gewesen sei, habe er, der Vater, erneut geheiratet und das Kind zu sich genommen. Es habe drei jüngere Halbgeschwister. Die Erziehung sei von Anbeginn an furchtbar schwierig gewesen. Der Junge habe nicht sauber werden wollen und Nacht für Nacht das Bett genäßt. Er sei träge, Nägelkauer, oft hinterhältig aufsässig und ein nur knapp mitkommender Schüler in der Volksschule gewesen. Er habe ein viel zu starkes Trinkbedürfnis. (»Wenn der erst den Alkohol entdeckt, er hat auch schon heimlich geraucht«, meint der Vater). Seit einigen Monaten sei Peter als Bäckerlehrling in einem Betrieb, wo er sich glücklicherweise noch nichts habe zuschulden kommen lassen.

Ungewöhnlich sind an dieser Geschichte lediglich die Geständnisse von Vater und Sohn vor Gericht. Im übrigen ist sie eine Variation dessen, was in unendlich großer Zahl in unserer Gesellschaft geschieht: Durch die ungeordneten Verhältnisse und Nöte ihrer Eltern kommen Kinder in ihren ersten Lebensjahren nicht zu ihrem Recht, zu dem Recht, von einer einzigen, immer daseienden, sie ganz in der Geborgenheit ihrer Nähe umhüllenden Person betreut zu werden. Sie werden von Hand zu Hand gereicht, mechanisiert gefüttert und versorgt und machen nicht die Erfahrung, daß ihnen mit der mütterlichen Substanz auch ihre seelische Kraft und damit das Gefühl, geliebt zu sein, zufließt. Menschen haben wie höhere Tiere — in ihrer ersten Lebenszeit sehr strenge, biologische, wissenschaftlich faßbare Anfangsbedingungen, die unumgänglich sind, um seelisch gesunde, sittlich gebundene, handlungs- und entscheidungsfreie Menschen zu werden. Finden sie diese Bedingungen nicht, so werden sie zu seelisch Behinderten, die unzureichend gepflegten Zootieren bedenklich ähneln. Sie werden passiv, bindungslos und aus dem berechtigten Gefühl, zu kurz gekommen zu sein, wahllos gierig und rachsüchtig-aggressiv. Sie träumen von einem Paradies, in dem die gebratenen Tauben sofort in den Mund fliegen, kaum daß der Wunsch danach auftaucht, einem Paradies, in dem man vollständig anstrengungslos versorgt wird. Sie träumen damit im Grunde vom Säuglingsglück an der Brust einer immer spendebereiten Mutter. Deswegen gehen viele dieser Schwerkranken beruflich in die Lebensmittelbranche oder ins Gaststättengewerbe, viele suchen nach einem Schiff (der Mutter), das sie trägt oder — nach der Kommune. In einer illusionären, versteckt-unbewußten Weise sind diese Menschen sehnsuchtskrank nach der Mutter, ohne die man, wie Hesse sagt, »nicht lieben und nicht sterben kann«.

Dieser Sachverhalt wird besonders bei dem Jugendlichen Georg deutlich sichtbar, der wegen wiederholter Zechprellerei und Diebstahls von Bekleidungsstücken vor Gericht steht. Diese Straftaten hat der Junge regelmäßig begangen, wenn er von zu Hause fortgelaufen war, auf dem Weg zum Hafen, zum »Schiff«. Fünfmal ist das geschehen. Unzureichend ausgerüstet, trotz Kälte und Regen ging der Junge — von einem imaginären Drang besessen — auf diese Suche, und weil er kein Geld hatte, unterwegs aber Hunger bekam und fror, beging er die Diebstähle. Zweimal endeten die planlosen Abenteuer in absoluter Verzweiflung. Sein Schiff fand Georg nicht, aber seine Füße wurden wund und begannen unerträglich zu schmerzen. Vom letzten Geld kaufte er sich Schlaftabletten, legte sich damit hinter einen Feldwall und würgte sie hinunter. Man fand ihn nach vielen Stunden bewußtlos und brachte ihn in ein Krankenhaus. Hier wurde der Junge gründlichster psychiatrisch-neurologischer Untersuchungen unterzogen. Anhaltspunkte für das Fehlen strafrechtlicher Reife ergaben sich dabei nicht. Georg wurde nach Hause geschickt und vor das zuständige Gericht gestellt. Auch Georgs gegenwärtige Situation ergab zunächst keinerlei Erklärung für diesen skurrilen Drang fortzulaufen. Er verstünde sich gut mit seinen Eltern, gab er an, Mutter sei zwar berufstätig, aber da Vater als Rentner zu Hause sei und Freude an der Hausarbeit habe, mangele es nicht an Ordnung und Fürsorge. Aber dann stellt sich durch genaues Befragen der Eltern heraus, daß Georg nicht ihr Kind sei, sondern im Alter von vier Jahren aus einem Heim geholt und von ihnen adoptiert wurde. Von seiner Geburt an bis zu diesem Zeitpunkt habe das Kind in verschiedenen Säuglings- und Kinderheimen zugebracht. Die Erziehung habe mancherlei Schwierigkeiten gemacht, zumal der Junge die Neigung gehabt habe, mit Fremden mitzugehen und oft nicht rechtzeitig heimgekommen sei. Kleine Diebereien, vor allem von Süßigkeiten, seien bereits im Schulalter immer einmal wieder aufgetreten.

Einen unbezwingbaren Drang zu naschen hat auch der 15jährige Kochlehrling Manfred. Er hat mehrere Male die Lehrstelle wechseln müssen, jedesmal wegen Diebereien, von Geld, aber vor allem auch von Genußmitteln. Bier und Coca-Cola hatte er kistenweise mitgehen heißen. Ja, diese Naschsucht habe er gehabt, so lange sie denken könne, meint die Mutter. Apfelsaft trank er schon als Kind flaschenweise, und die Schule habe er wegen eines Diebstahls vorzeitig verlassen müssen. Auch Manfreds Vorgeschichte ist ungewöhnlich hart. Die Eltern heirateten der Schwangerschaft wegen. Aber beide — so gibt die Mutter an — waren sich klar darüber, nicht zusammen leben zu können. Nach viel Zank wurde die Ehe geschieden, als der Junge ein halbes Jahr alt war. Damals hatte sich die Mutter von dem Ehemann schon Monate vor der Scheidung getrennt und war mit dem Jungen zu Bauern zur Arbeit gegangen. Versorgt wurde das Kind von verschiedenen Personen, die gerade im Hause waren und sich bereit erklärten, einmal nach dem Säugling zu sehen und ihn zu füttern.

Als Manfred zwei Jahre alt war, heiratete die Mutter erneut, einen Mann, der wegen seiner Gewalttätigkeiten bekannt war und deswegen bereits eine Gefängnisstrafe verbüßt hatte. Der Jugendliche resümiert: »Mein Stiefvater schlug mich halbtot, wenn ich etwas nicht nach seinem Willen tat«, und während er auf seine breite Sattelnase deutet: »die geht auch auf sein Konto«. Von der Mutter weiß er zu erzählen: »Wenn ich morgens aufstehen mußte, war sie schon fort, und vor der Schule mußte ich noch die Kleinen versorgen. Mittags, wenn ich zurückkam, war sie schon wieder zur Arbeit. Meistens sah ich sie am Tage zum erstenmal abends, wenn sie müde nach Hause kam.« Und die Mutter sagt wörtlich: »Was habe ich in meinem Leben gearbeitet. Manfred will eben zu den Reichen gehören, aber auf die Idee, es durch Arbeiten zu 'was zu bringen, auf die Idee kommt er nicht.«

Gegen den 17jährigen Kraftfahrzeuglehrling Günter wird Haftbefehl erlassen, als er nach längerer Fahndung gestellt wird. Er hat im Morgengrauen auf menschenleerem Bahnhof einer Frau die Handtasche entrissen und ist damit entflohen. Für die Polizei und das Gericht ist Günter kein Unbekannter. Wegen Diebereien und eines Einbruchs in ein Lebensmittelgeschäft ist er schon mehrere Male straffällig geworden. Die Mutter des Jungen kann zu seiner Vorgeschichte nicht mehr gehört werden. Sie ist gestorben, als Günter im Grundschulalter war. Der Junge meint, die Ehe seiner Eltern sei »ganz mies« gewesen. Die Mutter habe in zunehmendem Maße getrunken, und der Vater habe sie geschlagen, ja auch ihn, den Jungen, wenn er die Mutter habe verteidigen wollen. Der Vater berichtet, daß ihn die Antriebsarmut und Trunksucht seiner Frau furchtbar gequält und gereizt habe. Günter habe schon früh begonnen, an den Nägeln zu kauen. Bettrein sei er erst im Schulalter geworden. Immer habe er ein übersteigertes Trinkbedürfnis gehabt, und seit seinem 12. Lebensjahr sei der Junge nikotinsüchtig. Ausdauer zur Arbeit besäße er nicht, und noch heute hätte er einen Traumberuf: auf See gehen zu wollen.

Nach einem Einbruch gestellt wird der 15jährige Friedhelm. Durch das Lösen von Dachpfannen ist er in das einsame Ferienhaus eines Kaufmanns aus der fernen Großstadt eingestiegen. Er stahl dort: mehrere Schachteln Zigaretten, zwei Tabakspfeifen mit Tabaksbeutel, einen Honigkuchen, einige Kekspackungen und eine Flasche Sinalco. Der Hauseigentümer ist verwundert; denn seine Kleinkamera, die in derselben Schublade zu finden war wie die Pfeifen, sein Transistorgerät und sein kostbares Zielfernrohr blieben unangetastet. Er habe Hunger gehabt, gibt auch dieser Junge bei der polizeilichen Vernehmung zu Protokoll. Seine Vorgeschichte ist in einer geradezu stereotypen Weise ähnlich wie in den bereits beschriebenen Fällen. Abermals ist da eine Mutter, die der Schwangerschaft wegen einen Mann heiratete, mit dem sie sich nicht verstand und von dem sie sich bereits im zweiten Ehejahr scheiden ließ. Abermals ist da eine ganztagsarbeitende Mutter, die das Kind zwischen Kinderkrippe und Großeltern hin- und herschiebt, abermals ist da ein Stiefvater, der in das Leben des Kindes tritt, als es fünf Jahre alt ist und mit dem es sich absolut nicht versteht.

Der unbezwingbare Drang, Süßes zu stehlen, hat seine Wurzel in einem permanenten *seelischen* Hungerzustand, und da alle Lutscher, alle Zigaretten, alle Biere ihn nicht stillen — denn sie sind ja nur ein Surrogat — werden solche Menschen Süchtige. Im Teufelskreis von Strafe, Versäumnis und Enttäuschung wachsen Depression, Gier und Haß. Es ist daher nur konsequent — und ich habe das bereits vor zehn Jahren für die Jahre 1968—1970 vorausgesagt —, daß die Diebstahlsdelikte bei Kindern und Jugendlichen in einer geradezu unvorstellbaren Weise zunehmen. Aus dem Volk der Dichter und Denker wird ein Volk von Dieben. In dem Maß, in dem Mütter ihre Kinder nicht mehr in der von der Natur vorgeschriebenen Weise aufziehen werden, in dem Maß werden wir neurotisch verwahrlosen und das heißt: bindungslos, ordnungsfeindlich, bandenanfällig, riesenansprüchlerisch, frustrationsintolerant und leistungsunwillig werden; denn das sind die Symptome dieser schwersten unter den seelischen Erkrankungen. Deshalb kann die Eigentumskriminalität ein Fieberanzeiger der Krankheit sein. Sie stieg von 1963 bis 1968 bei Kindern um 59,6 %. Bei Ladendiebstählen ist die Zahl von 1963 bis 1968 um 205,5 % gewachsen. Und im Jugendalter werden aus den kindlichen Dieben erfahrungsgemäß häufig Raubtäter und Einbrecher. (Dazu kommt, daß die Dunkelziffer vermutlich hoch sein wird.)

Was aber kann mit unseren jugendlichen Delinquenten geschehen? Juristisch ist die Frage relativ einfach zu beantworten. Doch die üblichen Zuchtmittel und Strafregelungen können einen verantwortungsbewußten Jugendrichter wenig befriedigen. Denn im Geist sieht er mit berechtigter Furcht erneute Anzeigen gegen die »alten Kunden« auf seinem Schreibtisch liegen.

Aber auch der Sachverständige befindet sich in einer Sackgasse. Die meisten Jugendlichen lassen sich keineswegs im Sinne der forensischen Psychiatrie für ihre Taten als nicht verantwortlich erklären. Sie sind imstande, das Unrechte ihrer Tat einzusehen, aber offensichtlich nicht immer fähig, nach dieser Einsicht zu handeln. Wenn damit allein ein Teil des Paragraphen 3 des JGG erfüllt ist, so bleibt nicht nur die juristische Entscheidung offen, ob er unter diesen Umständen anwendbar ist, es bleibt auch die Frage, ob mit einem »Ent-schuldigen« dem Jungen die Möglichkeit zur Besserung in die Hand gegeben wird. Stellt man den Jugendlichen mit der Zubilligung des Paragraphen 3 nicht noch weiter aus der Ordnung heraus, die er von sich aus ohnehin nicht gewinnen kann? Wird der Rückfall auf diese Weise nicht sogar begünstigt?

Eins ist sicher: Niemand fürchtet solche Beurteilungen mehr als die Jugendlichen selbst. »Den 51 zu kriegen«, ist ein Alptraum der Delinquenten und erscheint ihnen als ein viel furchtbarerer Makel als ein paar Monate »Knast«. Denn trotz aller Schwierigkeiten, ihre Taten zu motivieren, empfinden sich die meisten als »normal«, ja, als Helden des Hasses und der Rache nach Schinderhannesmanier.

Meint ein Gutachter — etwa ein psychoanalytisch geschulter — nicht darum herumzukommen, von fehlender Reife zu sprechen, so wird der Prozeß mit einem Freispruch enden müssen, so daß dem Jugendrichter alle Möglichkeiten zur Einwirkung genommen sind, oder — der Prozeß geht mit der Beantragung eines 2. Sachverständigen in die Revision. Und wenn dieser Sachverständige »verständig« ist, d. h. wenn ein Vertreter einer gegensätzlichen Schulmeinung ausgesucht wird, so werden die Gutachten, beide nach bestem Wissen und Gewissen erstellt, konträr sein, so konträr z. B. wie das Menschenbild der Psychoanalyse und der forensischen Psychiatrie und damit weitere prozessuale Verwirrung stiften.

Es bliebe die Möglichkeit, das Vorhandensein strafrechtlicher Reife zu bejahen, aber für den Jugendlichen dennoch eine »heilerzieherische Behandlung« als dringlich zu empfehlen. Mancher moderne Jugendrichter, der sich mit dem Schicksal seiner Delinquenten beschäftigt, wäre bereit, eine langfristige stationäre Spezialbehandlung, ohne die eine solche schwere Verhaltensstörung nicht ausheilen kann, als Auflage richterlich zu verordnen. Wo aber sind die Kliniken und Heime, in denen solche Fälle fachgerecht behandelt werden könnten?

Der Jugendrichter erhält auf seine Anfragen von den wenigen Institutionen dieser Art abschlägige Bescheide: die Plätze sind faktisch über Jahre ausgebucht.

Heute ging ein neuer Strafantrag ein: Peter hat in der Bäckerei, in der er tätig ist, eine Kiste mit Negerküssen(!) gestohlen. Sein Lehrverhältnis ist gekündigt.

Wann werden wir wenigstens zu sehen beginnen, daß unser so reich entwickeltes Land in mancher Hinsicht unterentwickelt ist?

8. Gesetze seelischer Entwicklung im Menschenleben und ihre Störbarkeit

Kinder, die durch Verhaltensstörungen auffällig werden, haben häufig die merkwürdige Tendenz, in einem infantilen Zustand verharren zu wollen, so zum Beispiel der sechsjährige Jens, der plötzlich wieder begonnen hatte, des Nachts das Bett naßzumachen, nachdem er schon in den Jahren davor stubenrein gewesen war. Schläge, Strafen, Entzug von abendlichem Trinken — alle diese Maßnahmen hatten das Übel nicht bessern können, sondern es eher verschlimmert. Jens hatte eine babyhafte Sprechweise und einen versonnenen Kleinkinderblick. Als er zum Spielen aufgefordert wurde, baute er zunächst einen Kinderwagen aus Ton, in den er ein Babypüppchen legte und es sorgfältig mit einer Babyflasche versorgte. Und dann erklärte das Bürschen genießerisch und bestimmt: »Ich will ein Baby bleiben!« Nun, der Junge war sechs Jahre alt, er sollte Ostern eingeschult werden — eine Tatsache, die den Eltern schon jetzt, wenn sie ihr verträumtes Kind ansahen, mit Recht erhebliche Kopfschmerzen bereitete. Eine Befragung der Eltern ergab, daß der Junge, bis dahin der verwöhnte Kronprinz der Familie, der erste Enkel der mit im Hause lebenden Großeltern, wieder einzunässen begann, als er einen Bruder bekommen hatte. Wenige Wochen nach der Geburt des Geschwisters war die Erkrankung aufgetreten, und von diesem Zeitpunkt ab — meinten die Eltern — habe die Entwicklung kaum mehr rechte Fortschritte machen wollen, sei eher rückwärts als vorwärts gegangen.

An dieser Geschichte können wir eine ganze Menge lernen an Erkenntnis über die Gesetze seelischer Entwicklung im Menschenleben und über die Störbarkeit dieser

Entwicklung. Denn Jens verweigerte offensichtlich einen Entwicklungsschritt, den er hätte vollziehen müssen, nämlich den Schritt zum Schulkind hin. Statt dessen hielt er mit geradezu dickköpfigem Starrsinn an einem babyhaften Verhalten fest, ja ging betont — bis zum Bettnaßmachen — in dieses frühe Entwicklungsstadium zurück, bot nun aber das Bild und das Verhalten eines unglücklich gestörten Kindes. Der Zeitpunkt des Auftretens der Störung vermittelt uns einen Einblick in die Ursachen dieser Entwicklungshemmung: Der kleine verwöhnte und allseitig umsorgte Kronprinz hatte es nicht überwinden können, nicht mehr der einzige zu sein, nicht mehr der, um den sich die Großen, vor allem die Mutter, mit großer Fürsorglichkeit kümmerten. Er hatte sich plötzlich verstoßen und alleingelassen gefühlt — so allein, daß er nicht den Mut fand, neue Eroberungsschritte zu machen, sondern zurückfloh in den Anspruch auf babyhafte Versorgung mit Hilfe eines betont babyhaften Verhaltens.

Wir sehen an diesem Beispiel also:

1. Die Entfaltung eines Menschen kann durch Umwelteinflüsse behindert werden;

2. Es kommt dann zu Störungen — oft im körperlichen Bereich, oft auch im Verhalten. Bei genauerem Hinsehen zeigt sich meist, daß diese Leiden entweder durch Angst hervorgerufen werden oder explosive Handlungsdurchbrüche der behinderten lebensnotwendigen Entwicklung darstellen. Ja, unter einem starken Umweltdruck kann

3. der Mensch sogar aus der Not eine Tugend machen und selbst daran mitwirken, den behinderten Entwicklungsschritt nicht zu vollziehen. Er kann Baby bleiben wollen — wie unser Jens; im Extrem kann Lebensdrang unter ungünstigen Verhältnissen sogar zur Todessehnsucht werden.

Um solcher Fehlentwicklung vorzubeugen, kommt es

vor allem auf ein festes, solides Fundament an, denn im menschlichen Entfaltungsprozeß herrscht das Gesetz aller Höherentwicklung: daß nämlich Differenziertes grundsätzlich aus Undifferenziertem hervorgeht und auf ihm aufbaut, ja, daß im Groben und Primitiven keimhaft schon alle höheren Entwicklungsformen angelegt und gewissermaßen vorgestaltet werden, wenn je Höheres zur Entfaltung kommen soll.

Dieses Gesetz hat eine unerbittliche Folge: nämlich daß alle Entfaltungs*anfänge* von der riesengroßen Gefahr bedroht sind, daß die Lebensentfaltung im Ansatz verhindert und verstümmelt wird.

Am eindrucksvollsten hat jüngst die Embryologie dieses Gesetz aufgezeigt. Sie hat durch Untersuchungen mit Röntgenbestrahlungen von trächtigen Mäusen bewiesen, daß die Mißbildungen um so schwerwiegender sind, je primitiver die Organanlage zum Zeitpunkt der Störung ist. Im Gegensatz dazu bleiben später erfolgende Störungen geringfügiger, da sie, je nach dem Zeitpunkt, bereits weiterentwickelte Organe betreffen, d. h. das Grundmuster einer durch Röntgenstrahlen ausgelösten Mißbildung hängt vom Zeitpunkt der Bestrahlung, der Grad der Störung aber von der Strahlendosis ab.

Die wichtige Erkenntnis, die man aus diesen Experimenten gewinnen konnte, besteht darin, daß aus dem detaillierten Wissen um die verschiedenen Stadien der Keimentwicklung Schlüsse gezogen werden können. So besteht zum Beispiel nur in einem bestimmten Stadium die Gefahr, durch schädigende Einflüsse von außen eine Störung im Wachstum der Extremitäten bei dem werdenden Kind hervorzurufen, wie uns die Contergankinder lehrten. In anderen Entwicklungsstadien bestehen andersartige Schädigungsmöglichkeiten — je nach der Entwicklungsphase, in der sich das Kind befindet.

In bezug auf die Embryologie leuchtet uns das ohne weiteres ein. Aber — und dieses Wissen ist neu und erstaunlich — nicht nur in bezug auf die Entwicklung des menschlichen Körpers herrscht dieses Gesetz, es gilt in einer bisher leider noch unbekannten Weise auch für die Entwicklung der menschlichen Seele und des menschlichen Geistes. Wie in den Entwicklungsstadien des Körpers gibt es in denen der Seele bestimmte Phasen, sogenannte »sensible Phasen«, wie wir sagen, in denen die lebensnotwendigen Funktionen und Merkmale reifen. Werden diese Phasen gestört, behindert, unterdrückt, so kommt es zu Seelenverstümmelungen, so daß diese Menschen Seelenkrüppel bleiben — nur tritt das nicht mitleiderregend in Erscheinung, wie die Verstümmelungen der mißgebildeten Kinder; Seelenkrüppel werden nicht bemitleidet und gefördert, Seelenkrüppel werden geschunden, diffamiert, eingesperrt und von der Gesellschaft ausgestoßen.

Wie geht das zu und woher wissen wir das? Die elternlosen Kinder in Säuglingsheimen haben auf diesem Sektor zu erschreckenden Erfahrungen geführt; denn viele dieser Kinder werden in den verschiedenen Altersstufen psychologisch untersucht, und zwar dann, wenn sich die Frage stellt, ob sie für eine Adoption oder Familienpflege in Frage kommen oder wenn in den Familien, in denen sie aufgenommen worden sind, später große Erziehungsschwierigkeiten auftauchen. Diese Kinder haben, mit wenigen Ausnahmen, in mehr oder weniger starker Ausprägung den gleichen Charakter. Sie sind fahrig, mißtrauisch, unruhig, voller Neid, Gier und einer unüberwindlichen Eigensucht. Ihre Aggressivität und Ordnungslosigkeit, ihr Unvermögen, das Lesen und Schreiben zu lernen und in der Schule mitzuarbeiten, stempeln sie spätestens in ihrem neunten Lebensjahr zu Außenseitern, die sie oft ihr Leben lang bleiben. Die meisten fangen schon früh an zu stehlen, sie lügen wie gedruckt, denn Vertrauen zu haben, ruhig und befriedigt zu sein, ist eine Gestimmtheit, die ihnen fremd ist. Ihr gieriges, ansprüchlerisches Geschrei, ihr häufiges, überempfindliches Beleidigtsein bei eigener unempfindlichster Taktlosigkeit und Ichsucht macht es auch den christlichsten Pflegeeltern, die sich oft mit viel Idealismus eines solchen elternlosen Kindes annehmen, sehr schwer, so ein Kind zu lieben. Und daran pflegt oft die Erziehung dieser Kinder zu scheitern. Manche werden später kriminell, andere machen bis in die Pubertät oder lebenslänglich das Bett naß, und fast alle leiden unter einer sehr merkwürdigen, sich manchmal lebenslänglich erhaltenden Erscheinung: Sie wackeln vor dem Einschlafen, viele auch die ganze Nacht, unentwegt mit dem Kopf hin und her, manche bleiben sogar die Nächte über im Bett sitzen, andere wackeln noch am Tage im Stehen weiter, manche bleiben permanent Daumenlutscher oder Haarausreißer. Diese Kinder sind krank, und viel Gemeinschaftsfähigkeit geht durch die Art und Weise, wie sie ihre ersten Lebensjahre verbringen mußten, verloren.

Aus diesen Tatsachen hat die Psychologie wesentliche Erkenntnisse gewonnen: nämlich daß die Säuglingszeit eine sogenannte sensible Phase schwerwiegendster und fundamentalster Art für die gesunde oder kranke Ausbildung der Seele und des Geistes darstellt.

Was zum Beispiel hier das Kopfwackeln bedeutet, hat man an Experimenten mit Affen nachgewiesen: Auch sie beginnen zu wackeln, wenn man sie als Säuglinge ihren Müttern entreißt und ohne Hautkontakt hält. Äffchen und Heimkinder suchen stereotyp nach ihrer Mutter und wiegen sich schließlich selbst nach einem immer wieder hoffnungslosen Geschrei in einen — im Grunde ungestillten — künstlich provozierten Schlaf. Und auch die isoliert aufgezogenen Affen werden später von der Gemeinschaft abgelehnt. Grundsätzlich aber kann man sagen: Die Fähigkeit zu lieben, zu danken, Aufgaben anzupacken und zu vertrauen, hat ihre sensible Phase in der Säuglingszeit. Sie bildet sich aus durch sehr sorgfältige, sehr individuelle Behütung. Sie bleibt aus, wenn diese Behütung und das tägliche Erleben der Geborgenheit fehlt.

Nirgendwo je wieder im Menschenleben gilt so unerbittlich wie beim Umgang mit dem Säugling das Gesetz: Wie man in den Wald hineinruft, so schallt es heraus. Ja, die gesamte Einstellung der Mutter wirkt in einer eklatanten Weise prägend auf den Charakter des Kindes. Wie wahr das ist, läßt sich auch an dem Phänomen nachweisen, daß die ersten Kinder in einer sehr typischen Weise andere Charakterzüge haben als die zweitgeborenen. In einem hohen Prozentsatz findet man es immer wieder, daß die ältesten Kinder innerlicher, nachdenklicher, häufig ein wenig ängstlich – und mehr nach Innen gewandt sind.

Die Zweiten – und besonders deutlich kommt das zum Ausdruck, wenn das Kind das gleiche Geschlecht hat wie das erste und der Altersunterschied nicht zu groß ist – stehen dagegen mit viel festeren Beinen auf dieser Erde. Sie sind unbekümmerter, wacher für die Außenwelt und setzen sich viel besser durch als die Ältesten, in Wort und Gebärde. Die Ursachen dieses gesetzmäßigen Unterschiedes sind in der verschiedenen Art und Weise begründet, mit der eine Mutter mit einem ersten und mit einem zweiten Kind umzugehen pflegt. Statistisch läßt sich nachweisen, daß unter den ältesten Kindern viel mehr überbehütete, unter den jüngsten Kindern viel mehr vernachlässigte Säuglinge zu finden sind – und dementsprechend prägt sich auch der Charakter: Übererzogene werden feinsinnig, überängstlich, unselbständig, übergefügig – Vernachläs-

sigte werden gierig-laut, frech, rücksichtslos und durchset-
zungsfreudig. Und es ist durchaus möglich, daß ein und
dieselbe Mutter — lediglich durch eine verschiedene Um-
gangsweise mit den jungen Kindern — diese beiden Arten
von Charakteren ausbrütet.

Aber nicht nur die mütterliche *Umgangsform* prägt in
dieser Entwicklungsphase den Charakter — ähnlich um-
fänglich und schwerwiegend wirkt zum Beispiel die Art
und Weise, wie ein Kind in dieser frühen Lebenszeit gefüttert wird. Normalerweise ist es ja so, daß ein Kind sich
die Nahrung mit einer nicht unbeträchtlichen Sauganstrengung aus der mütterlichen Brust herauszuholen hat.
Diese Anstrengung und das danach eintretende Befriedi-
gungserlebnis bildet das Grundmuster für die spätere Fähigkeit, sich anzustrengen — bei welcher Arbeit auch immer. Ein gut und lange brustgenährtes Kind erwirbt mit
der Muttermilch also keineswegs nur allerlei guten Im-
munschutz und adäquate Nahrungszufuhr — es erwirbt
gleichzeitig die erste geradezu lebensnotwendige Grundlage zu späterer Leistungsfähigkeit, vorausgesetzt natürlich,
daß diese ersten Anstrengungen regelmäßig zu dem notwendigen Sättigungsgrad und Befriedigungsgefühl geführt haben. Dieses Wissen ist uns heute völlig abhanden
gekommen! Die Säuglinge heute werden im allgemeinen
ohne jede Anstrengung mit einem riesig weiten Flaschen-
sauger mit großen Mengen von Ersatzpräparaten vollge-
pappt — und gleichen meistens schon nach einem Viertel-
jahr konturlosen Fettpaketen. Diese Tatsache, daß heute
ein Heer von Säuglingen ohne Anstrengung, ohne Sinn
und Verstand überfüttert wird, ließ bereits vor Jahren die
wohlbegründete Prognose zu, daß die Überfütterungsneu-
rose zunehmend ein schweres kollektives Problem werden
würde, denn diese überfütterten Kinder werden abgrund-
tief faul und träge. Heute, 1976, ist meine Prognose längst

bittere Wirklichkeit, und keine noch so bemühte Pädagogik wird diesen Antriebsmangel beseitigen können, weil er ein echtes und schweres Unvermögen zur Anstrengung darstellt. Wir kennen diese Kinder schon in großer Zahl, und sie werden von Jahr zu Jahr mehr. Sie gleichen unruhigen Kuckucksvögeln, die Riesenansprüche haben und ungeduldig nach Sofortbefriedigung heischen — die kein Durchhaltevermögen und keinen Funken echter Geduld kennen, d. h., die sich nie zäh und unermüdlich anstrengen, bis der Erfolg eintritt.

Hier, in der Denaturierung der Mutter-Kind-Beziehung ist Anlaß gegeben zu weiterer düsterer Prognose. Im Grunde kann uns nur eine kollektive, planmäßig vollzogene Einsicht oder — eine neue Misere vor einem weiteren furchtbaren Absinken unserer Leistungsfähigkeit und einem Überhandnehmen der Kriminalität bewahren.

Aber nicht um düstere Prognosen zu stellen, sollte von diesen Säuglingsschäden berichtet werden, sondern um mit dem Gesetz vertraut zu machen, daß es auch beim Menschen für viele verschiedene Fähigkeiten sensible Phasen gibt, in denen ein Entfaltungsansatz zustande kommt — oder daß diese Fähigkeiten zugrunde gehen. Das gilt nicht nur für die Säuglingszeit; in anderen Lebensabschnitten werden andere Fähigkeiten im Ansatz entfaltet, die der Aufschlüsselung, der Anregung von *außen* bedürfen.

Die sensible Phase für verteidigungsbereite Selbständigkeit und schöpferische Gestaltungskraft des Menschen zum Beispiel liegt in der Zwei- bis Vierjährigkeit. In einer erstaunlichen und merkwürdigen Weise ist dieses Vermögen abhängig von der Entwicklung eines Antriebs, der dem Menschen bisher viel Kopfschmerzen gemacht hat und den zu steuern ihm bis heute nur unvollständig gelungen ist: mit der Entwicklung des aggressiven Antriebs, mit dieser bedenklichen Fähigkeit zu zerstören. Neues kann nur geschaffen werden, wenn Altes zerstört wird. Das erleben wir jedes Jahr als Naturgesetz. Dieses Gesetz herrscht auch in der seelischen Entwicklung des Menschen. Es muß immer erst etwas fallen, wenn Neues wachsen soll. Die Fähigkeit zu zerstören steht also im Dienst des Lebens — und deshalb gibt es auch eine frühe Entwicklungsphase, in der die Fähigkeit zu zerstören als lebensnotwendige Funktion geübt wird. Ein- bis zweijährige Kinder machen mit Vorliebe kaputt — nicht nur, weil sie mit den Dingen noch nicht genügend umgehen können, sondern weil die Fähigkeit zu zerstören geübt werden muß, sonst gelingen später nicht die Durchbrüche zur Eigenständigkeit und zu neuen schöpferischen Leistungen. Wie sehr das wahr ist, läßt sich daran ablesen, daß nur Kinder, die dieses Zerlegen, Zerteilen, Wegwerfen, Zerbrechen, Zerreißen gut und gründlich geübt haben, kurze Zeit danach Freude daran bekommen, zu bauen, zu formen, zu malen und zusammenzusetzen. Kinder hingegen, denen man keine Gelegenheit zum Kaputtmachen gegeben hat oder diesen Bereich mit Verbot und Strafe belegte, können häufig später nicht allein und selbständig phantasiereich und aufbauend spielen und arbeiten.

Daß wir an dieser Stelle immer noch so unsicher sind, liegt an unserer Angst vor der Macht des Bösen, des Zerstörerischen. Aber das Zerstören ist noch nicht böse, solange es im Dienst der Weiter- und Höherentwicklung des Menschen steht. Es wird erst böse, wenn es sich aus diesem Zusammenhang löst. Nur wenn zerstörerische Impulse grundsätzlich keinerlei Grenzen einhalten, werden sie zur lebensfeindlichen, weil verabsolutierten Macht.

Die Gefahr, daß das geschieht, ist aber viel größer, wenn die frühe Entwicklungsstufe des Zerstörens nicht vollzogen und überwunden worden ist. Dann nämlich lauert im Verborgenen doppelt der verkümmerte, verstümmelte aggressive Antrieb, um in sadistischer Weise loszubrechen und sich entartet auszutoben. In der Zeit, in der sich dieser zerstörerische Antrieb *erstmalig* entfaltet, bewirkt er positiverweise die Fähigkeit, sich durchzusetzen, sich zu wehren, sich zu behaupten.

Der trotzige Ungehorsam des kleinen Kindes, sein dickköpfiges »Nein« gegen das mütterliche Gebot, ist der erste Schritt in diese Richtung. Die Zerstörung der ersten, ganz engen Verbindung zwischen Säugling und Mutter *muß* zugunsten einer selbständigen Willensentwicklung vollzogen werden.

Es gibt auch bei Rhesusaffen bereits eine Art Trotzphase, die man dort als Ambivalenzphase bezeichnet. Als Harlow seine Affen daran hinderte, sich von ihrer Mutter zu lösen, erlebte er, daß die männlichen unter ihnen später nicht die geringste Lust zeigten, Nachkommen zu erzeugen.

Beim Menschen aber wird durch den Ausfall der Spielphase nicht nur Produktivität in *dieser* Hinsicht in Frage gestellt. Beim Menschen verkümmert, wie schon gesagt, dann auch die Fähigkeit zu *geistiger* Selbständigkeit und Gestaltungskraft.

Die pädagogische Erkenntnis, die daraus resultiert, und auf der wir in der Kindertherapie aufbauen, liegt darin, daß der Antrieb, sich durchzusetzen, hinlänglich geübt sein muß, wenn man die schöpferische Leistungsfähigkeit zur Entfaltung bringen will und wenn sich der Mensch als Individuum später in der Gemeinschaft behaupten soll.

Daß das freilich auch nicht zustande kommt, wenn man kleine Kinder stundenlang vor den Fernseher setzt, sollte einleuchtend sein. Die Behinderung des Tätigseins des kleinen Kindes in dieser sensiblen Phase bewirkt schwerste Fehlentwicklungen, weil die Impulse nach Eigenständigkeit und die schöpferischen Antriebsbereiche im Ansatz verkümmern. Die statistische Erhebung, daß Hilfsschulkinder um ein Vielfaches mehr fernsehen als Oberschüler läßt nicht nur den Schluß zu, daß die Dummen keine Lust haben, etwas anderes anzufangen, sondern sie bestätigt bereits jetzt, in welch ungeheuerlichem Ausmaß das Fernsehen *zur Unzeit* verdummt, d. h. in welchem Ausmaß wir selbst als Erwachsene durch richtige oder falsche Erziehungsmaßnahmen die Dummheit oder Klugheit, die geistige Selbständigkeit oder Verkümmerung unserer Kinder zum Teil in der Hand haben.

Aber nicht erst an den *späten* Früchten lassen sich die richtigen oder falschen Erziehungsmaßnahmen in dieser Phase ablesen. Wenn die Entfaltung des aggressiven eigenschöpferischen Antriebs im Ansatz vereitelt wird, zeigen solche Kinder schon sehr bald eine Reihe von Krankheitserscheinungen. Fast regelmäßig entwickelt sich in ihnen starke und für die Umwelt zunächst nicht motivierbare Angst. Sie schreien des Nachts auf, sie werden weinerlich-nöhlig, bekommen Hunde-, Straßen- oder Treppenangst, andere werden appetitlos und anfällig für die vielfältigsten Krankheiten. Diese Anzeichen sollten warnen. Sie zeigen uns, daß die Lebensentfaltung der kleinen Menschen in einer schwerwiegenden Weise gefährdet ist. Denn es gibt keinen Weg zurück. Kein Mensch darf unbeschadet in der umfangenden Behütung seiner Mutter bleiben, weil seine seelischen, geistigen und körperlichen Möglichkeiten sich dann nicht voll entfalten können. Das ihm innewohnende Gesetz der Lebensentfaltung zwingt den Menschen vorwärtszugehen. Aber dieser Weg nach vorwärts und aufwärts ist mühsam. Man braucht zu ihm Kraft, Mut, Unternehmungslust und unbekümmerte Spontaneität. Jeder Mensch, auch der kleinste schon, ist immer in der Versuchung, vor dieser Anstrengung und diesem Wagnis auszuweichen, in der warmen Höhle mütterlicher Geborgenheit untätig, bequem und forderungslos zu verharren. Begünstigen jetzt also Vater und Mutter diese Versuchung, indem sie die Entwicklung des Taten- dranges und eigenen Willens behindern, so treten jene oben beschriebenen Ängste auf. Sie warnen vor der gro- ßen Gefahr des Zurückbleibens, die den Menschen letzt- lich unglücklich macht. Sie rufen mit Hilfe dieser Angst Kraft zum Sichwehren herauf. Deshalb werden Kinder, die an der ersten Trotzphase gehindert wurden, später doppelt dickköpfig und aggressiv, häufig in einer ungün- stigen und übersteigerten Weise, weil das Lebensgesetz in ihnen sich mit allen Mitteln wehrt gegen die Behinderung der Entfaltung. Solche Kinder träumen häufig einen sehr typischen Traum: Eine Kuh oder eine Lokomotive oder eine riesige Hexe mit einem furchtbaren Maul und gro- ßen Zähnen verfolgt sie und droht sie zu verschlingen. Dieser Traum besagt, daß solche Kinder in der Gefahr stehen, sich nicht rechtzeitig abzulösen von der unselb- ständigen Behütungssituation, so daß behütende Mütter- lichkeit für sie zur bedrohlichen Hexe wird. Sie sind im Begriff, von der trägen Urnatur verschlungen zu werden. Entwicklungsstillstand, Entwicklungsrückschritt sind in der Phantasie der Menschen seit eh und je im Bild vom verschlingenden Rachen als Höllenschlund und Fischmaul in Erscheinung getreten. Ja, sogar den Grad der Störung kann man aus solchen Träumen und Bildern ablesen: Schwergehemmte Kinder träumen dann auch, daß sie wie festgenagelt auf dem Boden festklemmen und die Hexe sie einholt und überwältigt, andere können weglaufen, fliehen und sich retten. Und diesen Sinn haben solche Träume auch: Sie sind Versuche, zur Flucht nach vorn oder zum Kampf gegen die behindernden Kräfte und die Gefahr der Isolation aufzurufen.

Werden nun aber trotz aller dieser Alarmmeldungen

und Abwehrmechanismen des Kindes die Entfaltungsvorgänge weiter behindert und abgeschnürt, so kommt es — ähnlich wie bei den Zootieren — zu stereotypen Handlungen und Bewegungen, in denen der verstümmelte Antrieb im Leerlauf doch noch ein — wenn auch falsches — Ventil findet. In diesem Sinne verdienen die vielen sogenannten schlechten Angewohnheiten der Kinder eine viel größere Beachtung, als sie sie bisher erfahren haben, weil sie Indikatoren dafür sind, daß sich Fehlentwicklungen anbahnen. Zu solchen Symptomen gehören der Tic, das Stottern, das Nägelbeißen, und vieles andere; und es ist bedauerlich, daß der Aussagewert dieser Erscheinungen in der ärztlichen Praxis nicht ernst genommen wird. Denn diese Erscheinungen treten grundsätzlich nicht zu irgendeinem beliebigen Zeitpunkt auf — so kann zum Beispiel ein Erwachsener nicht plötzlich einen Tic entwickeln oder beginnen, an den Nägeln zu kauen. Diese Ersatzhandlungen treten nur an dem Zeitpunkt der Entwicklung auf, an dem Antriebe im Ansatz zur Entwicklung kommen wollten. In solchen Phasen lassen sich diese Symptome durch veränderte Erziehungsmaßnahmen heilen, während sie später zu hartnäckig eingefahrenen Angewohnheiten zu erstarren pflegen. Viele Mütter gehen mit ihren zuckenden, stotternden, nägelbeißenden Kleinkindern zum Arzt — aber die verordneten Beruhigungspillen heilen nicht die seelische Unausgeglichenheit, die in diesen Symptomen zum Ausdruck kommt.

Infolgedessen besteht die Aufgabe der Psychotherapie darin, die Ursachen solcher Fehlhaltungen aufzudecken und jetzt nicht, wie häufig von Laien irrtümlicherweise angenommen wird, allen Trieben Tür und Tor zu öffnen, sondern die behinderten Entwicklungsschritte, die lebensnotwendig sind, nachzuvollziehen, den Menschen in Einklang zu bringen mit den Kräften, Eigenschaften und Gaben, die ihm gegeben sind, und diese so lange zu üben, bis die Fehlhaltungen aufgegeben werden können, die den Lebensentwurf des Individuums und seine spätere Gemeinschaftsfähigkeit in Frage stellen.

Die Voraussetzung für eine gesunde Erziehung, Selbsterziehung und Nacherziehung des Menschen ist infolgedessen auch eine gründliche Kenntnis darüber, wie und unter welchen Bedingungen optimale Entfaltung möglich ist. Diese Kenntnisse sind nirgendwo sicherer ablesbar als dort, wo seelische Erkrankungen auf eine Entfaltungsstörung hinweisen. Genauso wie man neuerdings die sinnlosen stereotypen Handlungen von gefangenen Tieren gründlich studiert, sie als Anzeichen einer ungesunden Lebensbehinderung auffaßt und sie dadurch heilt, daß man sich auf die Lebensbedingungen der Tiere einstellt, genauso können wir das, was dem Menschen frommt oder nicht frommt, aus seiner Psychopathologie ablesen und lernen. Die Widerstände, die eine solche aus Erfahrung gewonnene allgemeingültige Anthropologie immer wieder behindern, liegen außer in der Verbreitung wirklichkeitsferner Ideologien in der Tatsache begründet, daß es innerhalb der menschlichen Entwicklung wohl ein immer wiederkehrendes formales Gesetz gibt, das — wie ich schon beschrieb — darin besteht, daß Differenziertes aus Undifferenziertem hervorgeht, daß der *Inhalt* der Lebensaufgaben in den verschiedenen Altersstufen aber außerordentlich verschieden ist, ja, daß die Lebensentwicklung eines Menschen von der Entfaltung primitivster Antriebe in der Kindheit bis zu höchsten geistigen, sozialen, religiösen Aufgaben im Erwachsenenalter ausgespannt ist. Viele unserer Anthropologien heute kranken daran, daß die Bedeutung *einer* Entfaltungsphase unzulässig verallgemeinert wird. Man kann z. B. die Notwendigkeit, daß in der frühen Kindheit die Triebimpulse geübt und entfaltet werden müssen, verallgemeinern, wie es Freud tat und die Biologen es ihm heute nachmachen, indem man alle geistigen Vollzüge unzulässigerweise zu Ersatzbefriedigungen von primitiven Instinkten degradiert; das sind sie keineswegs, sie bauen nur auf diesen Stufen auf. Man kann aber auch umgekehrt die Notwendigkeit der Bewältigung und Übernahme überpersönlicher Aufgaben — wie sie vor allem in die Aufgabenbereiche der zweiten Lebenshälfte gehören — unzulässig verallgemeinern, indem man sie zu einem Zeitpunkt der Entwicklung fordert, an dem der Mensch noch nicht reif für sie ist — ein Fehler, der von einer theologisch orientierten Pädagogik jahrhundertelang praktiziert worden ist. Richtig erziehen heißt phasenspezifisch erziehen, d. h. so, daß eine Harmonie besteht zwischen den Reifungsschritten und den Anforderungen, die an ein Kind gestellt werden. Denn es gibt keine Entfaltung, die sich optimal und störungsfrei vollzieht, wenn Reifungsschritte übersprungen werden. Jede neue Entwicklungsstufe baut also auf einer alten auf. Zwar wird an jeder neuen Schwelle etwas Altes abgestoßen, aber immer werden Substanzen oder Kräfte, die sich früher bildeten, in der neuen Lebensstufe als Funktionen gebraucht, um die neuen Aufgaben wirklich bewältigen zu können. Ich will dies am Beispiel der Pubertät verdeutlichen.

Diese Reifezeit ist die Schwelle zum Erwachsenenalter. Sie ist die sensible Phase für die Ausbildung von Geschmack und Urteil, ist Vorbereitung zu religiösem und sozialem Verantwortungsbewußtsein.

Verantwortungsgefühl entwickeln kann nur ein Mensch, der das Gefühl der Verpflichtung kennt. Verpflichtung wiederum wächst nur aus dem Gefühl, daß einem etwas anvertraut, geschenkt, gegeben wurde. Auch das Verantwortungsgefühl wächst also letztlich aus dem Gefühl des Geliebtseins. Kinder, denen dieses Erleben fehlt, können mit den schönsten Worten nicht dazu gebracht werden, sich für andere und für sich verantwortlich zu fühlen.

Die *Inhalte* dieses Verantwortungsgefühls in der Pubertät sind aber neu. Sie beziehen sich vor allem auf das Verantwortungsgefühl für die gleichaltrige Gemeinschaft.

Ebenso ist es mit der Urteilsbildung. Nur ein junger Mensch, dessen aggressiver und eigenschöpferischer Antrieb im Kleinkindalter ausgeprägt worden ist, kann jetzt das Tote und Überholte im Althergebrachten erkennen und sich von ihm ablösen. Nur die so schon längst vorgeformte Fähigkeit macht diesen Entwicklungsschritt faktisch möglich.

Andererseits sucht der junge Mensch betont nach neuen Inhalten, nach neuen Werten, Normen, Zielen. Daß *diese* unserer Jugend heute nicht mehr gegeben werden, ist ein gefährliches Versäumnis unserer Gesellschaft. Denn diese neuen Ziele können gar nicht vom Elternhaus gefunden werden. Der Pubertierende muß sich aus der Bevormundung lösen — das ist Gesetz —, sonst gelingt ihm nicht die zum Leben notwendige Eigenständigkeit. Die neuen Ziele können nur aus der Öffentlichkeit kommen, von der übergeordneten Institution. Wie die Mutter ihrem Säugling schon die wichtigste Vorbereitung für die Ehe vermittelt, indem sie ihn von ganzem Herzen liebt, genauso muß die Gesellschaft die Jugend auf überpersönliche — letztlich religiöse — Lebenserfüllungen vorbereiten, indem sie der Jugend soziale Aufgaben, Pflichten und Ziele gibt. Aber diese Aufgabe wird von unserer Gesellschaft mit der Ängstlichkeit des gebrannten Kindes gemieden! Statt dessen wird die Jugend heute mit miserablen Filmen und Illustrierten überschwemmt, voll mit Klischees, die den Geschmack degenerieren und das Verantwortungsgefühl im Ansatz verkümmern lassen.

Wenn diese sensible Phase für ein übergeordnetes Verantwortungsbewußtsein verpaßt wird, tritt die seelische Mündigkeit, die das Wesen der Erwachsenheit ausmacht, oft nicht ein. Seelische Mündigkeit fällt keineswegs mit der Erreichung des 18. Lebensjahres einfach in den Schoß. Es bedarf eines sehr breiten, sehr gesunden Lebensfundamentes, um diese seelische Mündigkeit je zu erreichen; denn sie besagt, daß man in der Lage ist, die Berufsausbildung und -ausübung, die Ehe, die Familiengründung, die Kindererziehung, die Mitverantwortung in der Gemeinschaft als Aufgaben zu erkennen, die zu erfüllen man *der* Tatsache schuldig ist, daß man selbst dieses Leben geschenkt bekam. Das Aufgabenbewußtsein des echt Erwachsenen basiert also auf einer schon in frühester Jugend erworbenen positiven Gestimmtheit, aus der das Gefühl der Dankbarkeit gefühlsmäßig erwächst. Dieses Gefühl, das an der konkreten, sehr frühen Erfahrung des Geliebtwerdens erworben wird, macht erst die Entstehung eines überpersönlichen Verantwortungsgefühls im Erwachsenenalter möglich. Aus ihm entwickelt sich als höchste Reifestufe des Menschen die Fähigkeit zu bewußtem religiösen Erleben. Dieses Erleben bewirkt im reifen Erwachsenen die Möglichkeit, einen Standort zu beziehen, weil er sein Leben als einen persönlichen, individuellen Beitrag versteht an die Gesamtentwicklung des Lebens und der Menschen überhaupt.

Die seelischen Störungen, die nervösen Leiden der Erwachsenen beruhen daher — wenn es sich nicht um Störungen aus der Kindheit handelt — darauf, dieses religiös fundierte Aufgabenbewußtsein zu verleugnen. Das Fehlen oder Verleugnen des Gefühls für einen höheren Sinnzusammenhang des eigenen Lebens verursacht eine Daseinshaltung, in der alle steuernden Funktionen des Menschen überflüssig und wertlos scheinen. Pflicht, Dank, Gehorsam, Verzicht, Opfer werden bei dieser Einstellung zur dummerjanigen Torheit. Nur der Dummkopf — so ist die heute herrschende Meinung — unterwirft sich solch sinnloser Fessel. Die Einstellung unterbindet alles Streben nach Höherentwicklung. Sie hat einen Stillstand der geistig-seelischen Entwicklung zur Folge, ja, sie bewirkt ein Zurückfallen, ein Überborden der primitiven, urtümlichen Triebe des Menschen.

Täuschen wir uns nicht: Es ist eine seelische Krankheit an der Wurzel, die in der chaotischen Schrankenlosigkeit heute sichtbar wird. Sie offenbart einen kollektiven Rückfall auf längst überwundene Entwicklungsstufen. Genauso wie die seelisch kranken Kinder stehen wir als Kollektiv in der Gefahr, von dem Höllenschlund, dem Ungeheuer der trägen Urnatur gefressen zu werden. Unser überlegen höhnisches Lächeln über die Vorfahren, die Angst vor Drachen und Seeschlangen hatten, enthebt uns nicht der Gefahr, im 20. Jahrhundert von solchen Ungeheuern verschlungen zu werden. Aber so lange wir die Ungeheuer nicht sehen, so lange wir die Augen vor ihnen schließen, können wir uns auch nicht gegen sie schützen.

Das »Recht« auf Bequemlichkeit, das »Recht« auf Versorgung, das »Recht« auf Geschlechtsleben, das »Recht« auf Freiheit — alle diese so lautstark betonten Ansprüche können nur von Menschen gefordert werden, die den Sinn für das Ganze verloren haben und die nicht mehr begreifen, daß die Erfüllung aller dieser »Rechte« — um ihrer selbst willen vollzogen — den Menschen leer und unglücklich macht. Das — und nichts anderes — bedeutet das mythische Bild des Vom-Ungeheuer-gefressenwerdens. Nichts wäre heute wieder nötiger, als ein neuer Drachentöter, ein neuer Heiliger Georg, ein neuer Theseus, der den neunmalneunköpfigen Drachen dieser Anmaßung tötet und den verlorenen Menschen wieder in die Zielhaftigkeit seiner Existenz einspannt.

Generell läßt sich also sagen, daß beim Erwachsenen seelische Störungen dann auftreten, wenn ihm 1. das Rüstzeug der frühen Kinderjahre nicht zur Verfügung steht, das er zur Bewältigung der Aufgaben des Erwachsenenalters brauchte und 2. wenn es ihm nicht gelingt, sich der überpersönlichen Ordnung der Lebensgesetze anzupassen und sein Leben in einem Akt bewußter Entscheidung in die Verantwortung für die Gemeinschaft zu stellen. Die Aufgaben des Erwachsenenalters lösen heißt, in einer den individuellen Möglichkeiten und Gaben entsprechenden Weise etwas, irgend etwas zur Weiter- und Höherentwicklung des Menschen beizutragen. Nur auf einer solchen Harmonie zwischen Fähigkeit und Leistung kann rechte Zufriedenheit, durchglühtes Glück und kraftvolle Gesundheit des erwachsenen Menschen beruhen.

adult: erwachsen
Ätiologie: Lehre von den Krankheitsursachen
Ambivalenz: Doppelwertigkeit
Anamnese: Vorgeschichte einer Krankheit
Behaviourismus: Verhaltensweise nach experimentell gegebenen Reizen (amerikanische psychologische Richtung)
chronifizieren: lange festhalten
Ethologie: Lehre von der Lebensweise der Tiere
exhibierend: sich sexuell zur Schau stellend
Fetischismus: krankhafte Beschränkung des Geschlechtstriebs auf Kleidungsstücke
Frustration: Vereitelung, Vergeblichkeit
heterosexuell: andersgeschlechtlich
homosexuell: gleichgeschlechtlich
Hospitalismus: seelische Erkrankung durch langen Krankenhausaufenthalt im Säuglingsalter
Hüftgelenksluxation: Ausrenkung des Hüftgelenks
Humanpsychologie: Seelenkunde vom Menschen
irreversibel: nicht rückgängig zu machen
intrapsychisch: innerseelisch
Jactation: Hin-und-herwerfen
Kaspar Hauser: rätselhaftes Findelkind (1812–1833)
Katamnese: Neuerfassung ehemaliger Kranker
Minusvariante: negative Spielart
Neurologie: Lehre von den organischen Nervenkrankheiten
ödipal: den andersgeschlechtlichen Elternteil liebend
Ontogenese: Entwicklung des Einzelwesens
Orgasmus: Höhepunkt der geschlechtlichen Erregung
Ovulationshemmer: Mittel, die Eireifung zu hemmen
Pädophilie: auf Kinder gerichtete Sexualität
pavor nocturnus: nächtliches Aufschrecken
phylogenetisch: stammesgeschichtlich, entwicklungsbedingt
Primordialsymptom: ursprüngliches, erstes Anzeichen
Prophylaxe: Vorbeugung
Psychoanalytiker: Ärzte, die tiefenpsychologische Heilverfahren anwenden
Psychiatrie: Lehre von den Geisteskrankheiten
Psychopathologie: Lehre von den seelischen Erkrankungen
Psychosomatik: Lehre von den Beziehungen zwischen Seelenleben und körperlicher Krankheit
repressiv: unterdrückend
Stimulation: Anreizung
Suicid: Selbstmord
Tabuierung: Kultisches Verbot
Trauma: seelische Verletzung
urethral: durch die Funktion der Harnröhre bedingt
Valenz: Wertigkeit
Voyeurismus: sexuelle Erregung durch Zuschauen